작은 상처가 더 아프다

작은 상처가
더 아프다

최명기 지음

알키

늘 혼자만 상처받는 당신에게

실직이나 파산, 가까운 사람의 배신 등 살면서 마주치게 되는 커다란 불행들이 있습니다. 이렇게 우리가 인생을 살며 겪게 되는 주요 불행에 대해 홈스Holmes와 레이Rahe라는 학자는 '사회재적응평가척도'라는 이름으로 점수를 매겨 놓기도 했습니다. 한국에서도 서울대의과대학 정신과의 홍강의 교수와 정도언 교수가 사회재적응척도를 통해 우리나라 사람이 평생 살면서 당할 수 있는 주요 불행에 대해 점수를 매겼는데요. 주요 항목은 다음과 같습니다.

• 자식의 죽음: 74점

• 남편/아내의 죽음: 73점

• 부모의 죽음: 66점

• 이혼: 63점

- 형제의 죽음: 60점
- 불륜 및 외도: 59점
- 해고나 파면: 50점
- 감옥행: 49점
- 큰 병에 걸리거나 큰 상해를 입은 경우: 44점

1년간 이런 불행의 총점이 200점 이상 300점 미만인 사람들 가운데 절반 이상이 다음 해에 건강 문제를 갖게 됐고, 총점 300점 이상인 사람들의 79퍼센트는 다음 해에 병을 앓았다고 합니다. 이처럼 인간은 불행 앞에 몹시도 취약합니다. 특히 불행은 우리 마음에 커다란 생채기를 남기며, 일종의 '트라우마'로 자리 잡기도 합니다.

그런데 이런 엄청난 심리적 트라우마는 한번 겪으면 그 고통이 크고 길지만, 다행히 반복적으로 나타나진 않습니다. 게다가 복권에 당첨되거나 아주 괜찮은 상대와 결혼하거나 원하는 대학에 합격하거나 하는 기막힌 행운이 평생에 한두 번 찾아오듯이, 거대한 불행 역시 살면서 손가락으로 꼽을 정도로 어쩌다 한 번 찾아오게 마련입니다.

이런 '큰 상처'보다 우리를 괴롭히는 것은, 사실 일상에서 받는 '작은 상처'입니다. 상대가 별 뜻 없이 던지는 무심한 말 한마디에, 가볍게 보낸 문자메시지 이모티콘 하나에 마음 상하는 일이 다반사죠. 흔히 사람들은 사소한 일에 목숨 걸지 말라고들 하는데요. 남의 일일 때는 그렇게 말하기가 쉽습니다. 하지만 막상 내가 당하는 입장이 되면, 가벼운 농담 하나, 별것도 아닌 행동 하나가 가슴을 찢어놓습니다. 이때 받은 상처는 쉽게 잊히지 않고, 오래도록 내게 후유증을 남기기도 합니다.

상담을 하다 보니, 이런 작은 상처가 사실 더 아프다고 말하는 분들이 많았습니다. 더구나 이런 작은 상처들은 그때그때 제대로 돌보지 않으면, 쌓이고 쌓여 나중에 치유하기 어려운 깊은 상처로 발전하기도 합니다. 그 정도 상태가 되면 일종의 강력한 정신병적 증상이 생겨날 수도 있습니다. 가벼운 감기를 방치했다가 폐렴이 되는 것처럼 말이죠.

작은 상처가 중요한 또 다른 이유는 이것이 앞서 말씀드렸던 커다란 상처, 즉 트라우마와도 연결될 수 있다는 데 있습니다. 지금 드러나는 것은 작은 상처이지만, 그 밑에는 과거에 애써 묻어두었던 큰 상처가 도사리고 있는 경우도 비일비재하다는 것입니다. 어렸을 때 냉정하고 이기적인 어머니로 인해 상처받은 남성은 완벽한 모성을 추구하게 되는데요. 이런 남성 중에는 아침밥을 안 해주는 아내 때문에 작은 상처를 받게 되는 경우가 많습니다. 아버지가 외도를 해 상처받았던 여자는 성인이 되어 결혼한 후, 남편이 옆집 여자와 이야기만 나눠도 자신이 버림받게 될까 봐 두려워하며 상처를 받습니다.

이런 경우, 작은 상처는 마치 권총의 방아쇠와도 같이 작용합니다. 방아쇠를 당기는 데는 아주 작은 힘만 필요합니다. 하지만 일련의 작용이 연속적으로 벌어지면, 엄청난 힘으로 총알이 발사되죠. 그 총알에 맞은 사람은 죽거나 크게 다칩니다. 작은 상처 하나가 마음속 깊은 상처를 건드리면서 인생에 균열을 일으키거나, 심한 경우 되돌릴 수 없는 불행을 가져올 수도 있다는 것입니다.

한편 작은 상처의 무늬가 다 똑같지는 않습니다. 짜증, 분노, 모멸감, 굴욕감, 수치심, 억울함 등 다양한데요. 대개 상처받은 이들의 증상은 비슷비슷합니다. 이런 감정들에 사로잡히면, 하루 이틀 잠이 안 오는 것은 기본입니다. 평소 같으면 넘어갔을 잔소리나 농담에도 벌컥 화를 내다가, 나중에는 치가 떨리고, 가슴이 심하게 두근거리는 것을 느낍니다.

물론 세상 모든 사람이 다 이렇지는 않습니다. 하지만 확실한 것은 작은 상처를 전혀 받지 않고 살아가는 사람은 세상에 없다는 것입니다. 다만, 상처에 더 민감한 사람과 덜 민감한 사람, 상처가 빨리 지워지는 사람과 늦게 지워지는 사람은 있을 수 있습니다. 저는 이렇게 남보다 작은 일에 마음을 잘 다치고, 그 다친 마음에 새겨진 작은 상처들이 빨리 치유되지 않는 분들에게 도움을 드리고 싶어 이 책을 썼습니다.

대부분의 경우, 상처를 준 가해자와 상처를 받은 피해자는 선명하게 드러나게 마련입니다. 때문에 상처에 대해 이야기하는 책들은 대체로 이 '피해자'에 초점을 맞추고 있습니다. 하지만 제가 여러 내담자들을 만나다 보니, 의외로 자기가 잘못을 해놓고도 상처받는 분들이 적지 않았습니다. 매일 술에 취해 남을 귀찮게 구는 이들도 누군가가 "너 또 술 마셨니?"라고 하면, 상처를 받습니다. 도저히 이해되지 않는 행동을 반복하는 사람도 "너 미쳤니?"라는 말을 들으면, 가슴이 저릿저릿하고요. 엄청나게 화를 낸 사람도 마음이 가라앉고 나면, 자책감을 느끼며 자기 행동을 많이 후회합니다. 참 재미있는 일이죠. 내가 잘못한 것이 없어도 상처받고, 내가 잘못해도 상처받는 것이 인간입니다.

이렇듯 작은 상처는 그 발생과 진행 과정, 상처를 주고받는 관계들이 매우 복잡하고도 다양한 양상으로 펼쳐집니다. 때문에 어느 한 가지 방식만으로 치유하기는 어렵습니다. 그렇다고 외부적인 요인을 몽땅 무시한 채, 스스로 마음을 잘 다스려 해결하려는 소극적인 시도는 그 효과 면에서 분명한 한계가 있습니다.

그래서 고민 끝에 이 책에서는 작은 상처를 이겨나가기 위한 방법을 3단계로 나누어 제시하기로 했습니다.

맨 처음 단계는 왜 나만 상처받는지 파악하는 단계입니다. 상처받는 일이 생기면, 우리는 상대 혹은 상황이 바뀌기를 바라고 그에 따른 이런저런 방법을 생각해냅니다. 하지만 아무리 좋은 방법이라도 내가 해낼 수 있는 것이 아니면, 아무런 소용이 없습니다. 때문에 우선은 왜 유독 내가 상처를 받는 건지, 누군가가 내게 상처를 줄 때 내가 왜 당하기만 하는 건지 알아야 합니다.

두 번째 단계는 상대가 내게 상처를 주는 이유를 파악하는 단계입니다. 상대의 심리에 대해서도 알아야 하지만, 상대가 어떤 성격이고 어떤 행동 패턴을 가지고 있는지 알아내는 것도 중요합니다. 어떤 상대와는 죽도록 싸워서 이겨야 하고, 어떤 상대와는 가능하면 마주치지 말아야 합니다. 때로는 내게 상처를 주고 있다고 생각했던 상대가, 오히려 내가 상처를 주고 있는 피해자라는 사실을 인식하게 될 수도 있습니다. 내 공격에 방어적으로 나올 따름인 상대에게 상처받고 있다고 내가 오해를 하고 있다는 것이죠. 이럴 때는 내가 먼저 공격을 멈춰야 합니다.

세 번째 단계는 구체적인 전략을 세워 실행하는 단계입니다. 우리의 궁극적인 목표는 나 스스로를 변화시켜 조금씩 정신적 성장을 이루어나가는 것입니다. 여기서 성장이란 작은 상처 따위는 받지 않거나 받더라도 금세 치유할 만큼 좋은 마음 밭을 자기 안에 가꾸는 것입니다. 이를 위해서는 내가 내 감정의 주인이 되어 마음의 힘을 키워나가야 합니다. 때로는 속상한 일을 그냥 넘기기도 하고, 나를 무시하는 상대에게 불같이 맞대응을 할 수도 있어야 합니다. 하지만 너무나 힘들어 마음에 비상등이 켜질 때도 있을 것입니다. 이에 대비해 마지막으로 몇 가지 응급 처방도 소개해드렸습니다.

이 책을 위해 수고해주신 많은 분들과, 특별히 상처받을 때마다 내 마음을 다독여주는 사랑하는 아내 은애에게 감사의 마음을 전합니다. 늘 작은 상처에 혼자 울고, 혼자 아파하는 많은 분들이 이 책을 읽고 삶을 변화시키기 위한 첫걸음을 힘차게 내디디시길 진심으로 바라고 응원합니다.

최명기

차례

2장_

왜
너는
상처를 줄까

3장_
나는
작은 상처에
흔들리지
않는다

왜
나만
상처받을까 ··················

바다를 항해하는 배들을 한번 떠올려보세요. 안전한 항해를 하려면 날씨와 바다 상태를 유심히 살펴야겠죠. 돛단배는 작은 바람에도 뒤집히잖아요. 통통배 역시 파도가 조금만 거세게 일어도 뒤집힐 듯이 뒤뚱거립니다. 그런데 항공모함은 어떤가요? 어지간한 폭풍도 두렵지 않습니다. 이처럼 거센 풍랑이 와도 어떤 배를 타고 있느냐에 따라 우리가 받는 영향은 다른 법입니다.

스스로 상처받았다고 느낄 때 타인이나 상황에 대해서만 주의를 기울이는 태도는, 바다와 날씨 상태에만 신경 쓰는 것과 같습니다. 그런데 바다나 날씨 상태가 안 좋은 날을 매번 피하는 게 가능한 일일까요? 그런 날, 어쩔 수 없이 바다에 나가야 하는 일도 있는 법입니다. 그렇기 때문에 평소 배를 튼튼하게 만드는 것이 중요합니다. 낡은 곳은 수선하고, 부족한 곳은 보강해야 하는 것이죠.

마음도 마찬가지입니다. 배를 튼튼하게 만들려면 일단 배의 상태를 꼼꼼히 점검해야 하듯이, 만약 내가 남들은 별것 아니라고 생각하는 일에도 쉽게 상처받는 편이라면 왜 그러는 건지 먼저 내 마음 상태를 제대로 파악해야 합니다.

no.1 "자꾸 나만 은근히
　　　　소외되는 것 같아요"

무관심을 견디기 힘든 사람

한가한 주말, TV를 보며 시간을 보내고 있는데 마침 요란하게 전화벨이 울린다.

"뭐해?"

친구 목소리를 들으니 반갑다.

"나야 뭐, TV 보고 있지."

"뭐? 우리 약속 30분 뒤 아니야? 나 지금 약속장소로 가고 있는데? 너 뭐야~"

"무슨 약속? 너랑 나랑 만나기로 했었나?"

갑작스러운 이야기에 나는 어리둥절해졌다.

"카톡 못 봤어? 애들이랑 오늘 다 같이 영화 보기로 했잖아."

"카톡? 나 아무것도 안 왔는데."

"아…. 그래? 그럴 리가 없을 텐데."

잠시 우리 둘 사이에는 어색한 침묵이 흘렀다. 이윽고 친구가 말했다.

"잠깐만, 내가 다른 애들한테 연락해보고 다시 전화해줄게."

전화를 끊고 나니 멍해졌다. 뭐랄까, 소외감과 외로움이 갑자기 쓰나미처럼 몰려오는 기분이랄까. 한참 우울해하는데, 다시 전화벨이 울렸다.

"나야. 애들한테 연락했더니, 깜빡하고 단체 채팅방에 너를 안 부른 것 같대. 지금이라도 얼른 준비하고 나와. 영화는 한 시간 반 뒤에 시작이라니까. 우리는 먼저 밥 먹고 있을게."

"음…. 알았어. 이따가 전화할게."

이런저런 생각이 머릿속에 떠올랐다.

'정말 나를 깜빡하고 안 부른 걸까? 일부러 뺐다가 내가 알게 되니까 이렇게 수습하는 거 아냐? 그게 아니더라도 왜 나만 깜빡해? 내가 그렇게 존재감이 없나? 그리고 밥은 나만 빼고 먹는다는 거잖아. 내가 불편해서 그런가?

. . . .

살다 보면 이런 경우가 종종 생깁니다. 본의 아니게 나만 소외된 것 같은 기분을 느낄 때 말이죠. 누구나 이런 기분을 느낄 수 있지만, 그런 상황에서 상처를 받는 사람은 조금 다른 생각을 하곤 합니다.

가게에 갔는데 점원이 이상하게 나에게만 다가오지 않을 때, 편하게 구경할 수 있어 좋다는 사람이 있는가 하면 '내가 돈이 없게 생겼나? 나를 무시하나?' 하고 생각하는 사람이 있습니다. 좋아하는 선배가 다른 후배들에게는 웃으면서 말하는데 나에게는 눈길조차 주지 않을 때, '나한테 뭐 기분 나쁜 일 있나?' 하고 여기다가도 대수롭지 않게 넘기는 사람이 있는가 하면, 불안함과 서운함에 어쩔 줄 모르는 사람도 있습니다. 이렇게 친구들끼리 다 함께 영화를 보러 가기로 했는데 나만 연락을 못 받는 경우에도 '어쩌다 깜빡했나 보지 뭐'라고 생각하며 금세 잊어버리는 사람이 있는가 하면, 예전에 있었던 비슷한 일들까지 되새김질하며 친구들이 나를 무시하고 싫어한다고 생각하는 사람도 있습니다.

사람들이 나에게 관심을 두지 않는다는 느낌을 받을 때 유독 자주 상처받는 분들이 있습니다. 이런 분들은 심지어 인터넷 동호회 게시판에 글을 올렸을 때도 내 글에만 댓글이 좀 적게 달린다 싶으면, 신경이 쓰여 온종일 시무룩합니다. 문자메시지나 메신저로 누군가에게 말을 걸었는데 상대에게 한 시간이 지나도 답이 오지 않으면, 마치 상대가 나를 귀찮게 여기는 건 아닐까 하는 착각에 빠져 혼자 우울해하기도 합니다.

단짝 찾아 삼만 리

어렸을 때부터 단짝에 대한 집착이 강한 아이들이 있습니다. 이 아이들은 자기가 좋아하는 아이하고만 친구를 하고 싶어 합니다. 하지만 친구 생각은 다를 수 있죠. 특히 나이를 먹을수록 아이들은 엄마들이 맺어

준 친구 이외의 아이들, 자기를 따르는 친구 이외의 아이들과 때론 둘이, 때론 여럿이 섞여서 놀고 싶어 합니다.

단짝에 매달리는 아이는 셋이 놀아도 노는 것 같지 않습니다. 오직 한 명만 소유하고 싶어 해요. 이에 따라 작은 상처를 수시로 받곤 합니다. 좋아하는 아이가 다른 아이와 노는 걸 볼 때마다 상처를 받게 되니까요. 처음에는 좋아하는 아이가 다른 아이와 놀지 않고 자기하고만 놀게 하려고 이런저런 시도를 합니다. 하지만 친구의 마음을 바꿀 수 없다는 걸 알게 되면, 배신당했다고 느끼며 이내 큰 상처를 받습니다.

이런 아이는 특별한 변화의 계기를 찾지 못하는 이상, 성인이 되어서도 비슷한 경험을 하게 됩니다. 동성 친구들과의 사이는 말할 것도 없고, 연애 상대와의 사이도 좋을 수가 없습니다. 상대가 자신에게 조금만 소홀하면, 상처받았다고 느끼기 때문이죠. 특히 이런 분들은 사랑에 빠지면, 자기 자신을 돌보지 않고 상대에게 무조건 헌신하는 경향이 있는데요. 결혼하고 나서도 자잘한 집안일은 모두 자신의 몫으로 여길 정도입니다. 그러면서도 상대가 자신을 떠날까 봐 늘 걱정합니다. 심지어 사랑하는 사람을 잃지 않기 위해, 정말 상대가 분명한 상처를 주는데도 참아내기까지 합니다. 나에게 상처 주는 이 사람과 헤어지면 너무 외로울 것 같고, 또 새로운 사람을 만나기도 어려울 것 같아서, 또다시 혼자 남겨지고 싶지 않아서, 그 혹은 그녀에게 매달리는 것입니다.

뿐만 아니라 이분들은 자극을 객관적으로 판단하지 못합니다. 상대가 그냥 차분한 상태인데도 무언가 어색한 기운을 느낍니다. '저 사람이 나에게 화가 났나?' '내가 실수한 건 없나?' 하는 생각부터 하는 거죠. 항상 지나치게 민감하다 보니, 정작 그런 섬세한 감각이 필요한 순간이 찾아오면 이를 어이없이 놓치기도 합니다. 타인의 입장에서 보면 굉장히 눈치 없어 보이는 셈이죠. 눈치 없는 나에 대해 타인이 부정적으로 대하면, 나는 더욱더 긴장해 정말로 눈치 없이 행동하고 맙니다. 그러면 타인은 나를 더욱더 부정적으로 대하고 마는 악순환이 벌어집니다.

그러다 보니 누군가가 먼저 자그마한 호의를 베풀면 감격하게 됩니다. 나에게 호의적인 것 같은 이 한두 사람에게 매달리며, 있는 정성 없는 정성을 다합니다. 하지만 주는 사람 마음과 받는 사람 마음은 다르죠. 상대가 나의 정성에 대해 기대한 만큼의 반응을 보이지 않으면, 혼자서 상처를 받습니다. 결국 "세상 사람은 다 똑같아"라는 자기 확신이 더 강화되어버립니다.

너와
나의
안전거리

동물들의 행동을 연구하여 비교행동학의 기초를 닦은 공로로 1973년 노벨 생리의학상을 공동 수상한 콘라트 로렌츠Konrad Lorenz의 책《인간, 개를 만나다So Kam der Mensch auf den Hund》를 보면 '도주 거리' '위기 거리'라는 개

념이 소개됩니다. 이 개념은 스위스의 동물심리학자 하이니 헤디거 Heini Hediger가 만든 용어입니다. 자신보다 강한 개가 접근하면, 약한 개는 달아납니다. 이때 강한 개와 약한 개 사이의 거리를 '도주 거리'라고 합니다. 도주 거리 안에 적이 들어설 것 같으면 달아나는 것이죠.

그런데 숨어 있던 적이 갑자기 습격을 할 때나, 죽어라고 달아났지만 막다른 곳에 몰리는 순간이 있습니다. 이때 개는 웅크린 채 위협을 가하다 일정 거리 이상 적이 접근하면, 필사적인 공격을 퍼붓게 됩니다. 이 위험을 느끼고 공격하게 되는 거리를 '위기 거리'라고 합니다. 위기 거리 안에 들어오면, 아무리 적이 강하더라도 일단 싸우지 않을 수 없는 것입니다.

도주 거리와 위기 거리는 어떤 점에서 마음의 '안전거리'와도 같습니다. 우리 모두는 본능적으로 마음의 안전거리를 확보하려고 합니다. 다만 그 안전거리의 길이는 사람마다 다르게 마련인데요. 바로 이 때문에 문제가 발생합니다. 나는 적절한 안전거리를 확보하려 하는데, 상대방은 내가 너무 거리를 두는 것으로 받아들일 수 있다는 것이죠. 반대로 내게는 적절한 안전거리가 이 정도인 것 같은데, 누군가에게는 그 거리가 너무 가까워서 갑갑하거나 심지어 위협적으로 느껴질 수도 있습니다.

유난히 친밀감에 집착하는 분들은 남이 자신에게 거리를 두는 것을 견디질 못합니다. 심지어 일부러 그러는 게 아니라 상황 때문에 어쩔 수 없이 그렇게 될 때도 마찬가지입니다. 이런 분들 중에는 연애할 땐

마음의 안전거리는 사람마다 다릅니다.
나는 적절한 안전거리라고 생각하지만,
상대는 너무 먼 거리로 받아들일 수 있습니다.
반대로 내게는 이 정도가 안전거리인데,
상대는 그 거리가 너무 가까워 갑갑하거나
심지어 위협적으로 느껴질 수도 있습니다.

상대가 나에게 다정했는데, 결혼하고 나서 무관심해졌다며 상처받는 이들이 정말 많습니다.

연애할 때는 일주일에 하루 이틀 정도로 만나는 횟수가 제한적이기 때문에 그 시간 동안 온전히 상대에게 최선을 다할 수 있지만, 결혼 후에는 두 사람이 일상을 늘 함께할 수밖에 없으므로 그러기가 어렵습니다. 회사 일로 야근을 하거나 회식을 하거나 친구들과 약속이 잡히면 귀가가 늦어지는 게 당연한 일인데도, 이분들은 이를 받아들이지 못하고 오로지 자신에 대한 무관심의 결과로 여깁니다. "지금 바쁘니까 이따가 연락하자" "오늘 회식 있어. 먼저 저녁 먹어" 같은 평범한 말들이 이분들에게는 작은 상처로 쌓입니다.

서두르지 말고 한 걸음, 한 걸음

사람으로 인해 받은 상처는 사람으로 치유해야 합니다. 상처 난 마음을 위로로 닦아내야 한다는 것이죠. 무관심과 소외감으로 인해 상처를 받았다면, 나를 위로해줄 그 누군가가 절실히 필요하다는 점을 인정하셔야 합니다. 부모, 형제, 친구, 그 누구든 상관없습니다. 내가 힘들 때 나를 잘 위로해주는 강력한 누군가가 내 인생에 존재한다면, '남이 나에 대해 어떻게 생각하느냐' 하는 문제로부터 상대적으로 자유로울 수 있습니다.

가장 좋은 것은 어려서부터 나를 있는 그대로 사랑해주는 부모, 형제, 친구가 있는 경우입니다. 이럴 경우, 설혹 남들이 나를 비난하더라도 견딜 만합니다. 그들이 꼭 옆에 있어야만 위로가 되는 것도 아닙니다. 내 곁에 있건 없건 그들은 내 마음속에 늘 내 편이 되어주는 사람으로 자리 잡고 있으니까요. 이런 위로해주는 사람이 확고히 존재하는 이들은 외로움을 덜 느끼지만, 그렇지 않은 이들은 외로움을 견디지 못합니다.

지금 당장 상처투성이가 된 내 마음을 치유하기 위해서는 전적으로 나를 위로하고 지지해줄 그 누군가를 만나야 합니다. 다만 그 상대를 찾고 있거나, 찾은 다음에라도 명심해야 할 점은 분명히 있습니다. 바로 안전거리를 지키는 것입니다.

심리 상담에 있어서도 "멀리 있다가 가까워지기는 쉬워도 가까워졌다가 멀어지기는 불가능하다"라는 경구가 있습니다. 치료자는 내담자를 가능한 한 따뜻하게 대해야 합니다. 당연한 이야기입니다. 치료자도 내담자를 좋아하고, 내담자도 치료자를 좋아해야 상담도 잘 되게 마련이니까요.

그런데 어떤 치료자는 환자의 마음을 사려고 의식적으로 상담 시간도 늘리고, 내담자가 치료자를 근거 없이 비난해도 별다른 지적 없이 웃어넘기고, 약속을 어겨도 그냥 넘어가곤 합니다. 그런데 치료자도 항상 완벽할 수는 없기에 어쩌다 한 번 내담자를 소홀히 대하기라도 하면, 내담자는 치료자가 자신에게 무관심하다고 오해하고 마음의 벽을 세우게 됩니다. 때문에 치료자는 규칙과 약속을 반드시 존중해야 합니다. 그리고 내담자의 마음을 파악해가며 그에 맞춰 조금씩 둘 사이의 거리를 좁혀야 합니다.

실생활에서도 마찬가지입니다. 우리 주위에서 벌어지는 대인관계 갈등의 대부분은 서로의 안전거리를 존중하지 않는 데서 비롯됩니다. 나는 내가 누구와도 쉽게 친해지는 좋은 성격을 지녔다고 믿지만, 막상 상대 입장에서는 한 번 본 사이에 가까운 듯이 구는 내가 부담스러울 수 있습니다. 상대가 듣고 싶다고 한 적이 없는데도 미주알고주알 자기 치부를 다 드러낸 후, 자신이 했듯이 상대도 속마음을 드러내길 원하는 사람만큼 부담스러운 이도 없습니다.

친한 사이일수록 예의를 지켜야 사랑과 우정을 오래 유지할 수 있다는 것은 누구나 아는 사실입니다. 여기서 한 발 더 나아가 사람에 따라 혹은 상황에 따라 마음의 안전거리를 자유롭게 조절할 수 있어야 한다는 점을 명심하세요. 내가 아무리 외롭고 힘들더라도 나 좋을 때는 상대와 한없이 가깝게 지내고, 내가 힘들 때는 상대가 가깝게 오지 못하도록 해선 안 됩니다. 오히려 상대가 나와 가까워지고 싶어 할 때는 가깝게 다가가고, 상대가 혼자 있고 싶어 할 때는 혼자 있도록 해주어야 합니다.

물론 이것 역시 하루아침에 되는 일은 아닙니다. 하지만 지금의 상태에서 벗어나고 싶은 분이라면, 어렵더라도 하나씩 시도해보셔야 합니다. 나와 사랑과 우정을 나눌 수 있는 좋은 상대다 싶은 사람을 발견한 분들은 그가 어떤 사람인지 천천히 파악해가며 조금씩 거리를 좁혀보세요. 그러다 그에게 좋은 친구가 필요하다 싶을 땐 안전거리를 더 많이 좁히고, 그가 혼자 있고 싶어 한다 싶을 땐 안전거리를 넓혀보세요.

꼭 드리고 싶은 말은 조급해하지 말라는 것입니다. 서두르지 말고 한 걸음, 한 걸음 차근차근 나아가는 것이 무엇보다 중요합니다.

"모든 게 다
내 잘못 때문이에요"

남 탓하는 능력을 잃어버린 사람

"너 오늘 무슨 홍삼 같다, 야. 가뜩이나 길쭉한 애가 위아래로 다 빨간색이네. 패션 센스 장난 아닌데?"

그녀의 한마디에 친구들이 웃음을 빵 터뜨린다.

"아, 내… 내가 오늘 좀 과했나?"

당황한 나를 보고 다른 친구들이 한마디씩 이야기를 보탰다.

"그러고 보니, 진짜 홍삼 같은데?" "맞아. 애는 피부도 빨간 편이잖아."

친구들은 다시 한 번 까르르 웃음을 터뜨리더니, 이내 아무렇지 않다는 듯이 다른 화제로 대화를 이어갔다.

"그나저나 오늘 우리 뭐 먹을까?" "요 아래 골목에 새로 오픈한 스파게티집이 있다는데, 가볼래?" "거기 맛있대?"

종알거리는 친구들 이야기는 이미 들리지 않았다. 내 머릿속은 온통 빨간색 생각뿐이었다.

'이거 원래 위아래 한 벌로 입는 옷인데, 뭐가 이상한가? 집도 근처인데 잠깐 일 있다고 하고, 가서 바꿔 입고 올까? 아님 화장이라도 좀 고치고 올까? 립스틱까지 빨간색으로 맞춘 건 너무했나?'

옷과 화장에 머물러 있던 생각은 이내 다른 생각으로 번져갔다.

'애들이 평소에도 내 센스가 부족하다고 생각했던 것 아닐까? 그래, 내가 좀 눈치가 없긴 하지. 패션 감각도 없고. 내가 옷을 못 입어서 같이 다니는 게 부끄러운가?'

갑자기 이 자리가 영 불편해졌다. 오늘 이 옷을 입고 친구들과 어울리는 게 민폐인 것 같고, 친구들에 비해 나 자신이 무척이나 초라하게 느껴졌다.

"미안한데, 갑자기 배가 너무 아프네. 나 아침 먹은 게 체했나 봐. 밥은 너희들끼리 먹어. 집에 가서 좀 쉬다가 괜찮아지면 연락할게."

나는 어리둥절해하는 친구들을 세워두고 황급히 그 자리를 빠져나왔다.

· ·

인간에게는 어느 정도 남을 탓하는 성향이 있습니다. 화가 나고 곤란할 때 누군가를 원망하는 것은 어떻게 보면 본능적인 행위입니다. 당연하죠, 자책을 하면 내가 괴로워지니까. 심지어 내가 잘못한 게 분명한 일일 경우에도, 잘못에 따른 고통이 너무 심해 견딜 수 없으면 남 탓을 하며 내 마음을 보호하려 하기도 합니다. 그래서 핑계를 대고, 심지어 거짓말도 합니다. 나를 보호하고자 하는 무의식이 작동하는 것입니다.

이런 경우는 특히 부모·자식 간에 많이 볼 수 있습니다. 아이들은 때때로 아무 이유 없이 부모를 원망하곤 합니다. 분노의 화살을 누군가를 향해 당기지 않으면 마음이 터질 것 같아 그러는 것인데, 사실 우리가 아무 이유 없이 원망할 수 있는 상대는 세상에 부모님밖에 없죠. 그래서인지 제게 "우리 아이가 나한테 자꾸 화를 내는데, 어떻게 하면 좋아요?"라고 묻는 분들이 많습니다. 그러면 저는 "아무것도 하지 마시고, 그냥 아이의 원망을 온몸으로 받아내세요"라고 말합니다. 저 역시 상담을 진행하면서 치료가 잘못되었다며 저를 원망하는 환자나 환자 가족들에게 무조건 잘못했다고 사과하고, 그분들이 저를 원망하도록 내버려둘 때가 많습니다. 그것까지가 제 역할이라고 믿기 때문입니다.

문제는 이렇게 남을 원망해야만 버틸 수 있는 상황에서조차, 남이 아닌 자기 자신의 잘못부터 찾는 이들입니다. 이분들은 화가 나는데도 남을 탓할 줄 모르기에, 그 분노의 감정이 결국 자신을 향하게 됩니다.

이분들은 "이렇게 했어야 했는데" "저렇게 하지 말았어야 했는데"라는 식의 후회하는 말을 입에 달고 삽니다. 실수를 하면, 무조건 자기 잘못이라고 인정해야 마음이 편하죠. 남자친구가 아무것도 아닌 일을 가지고 화를 낼 때도 자신이 눈치가 없어서 남자친구 기분을 모르고 섣불리 이야기를 꺼냈다고 생각합니다. 부하직원이 터무니없는 실수를 저질렀을 때도 그런 사람을 뽑은 내가 잘못이라고 말합니다. 선배에게 무심코 바른 말을 했다가 욕을 먹으면, 내가 분수도 모르고 윗사람을 건드렸다며 자책합니다. 이 과정에서 무심코 작은 상처들을 입게 되죠. 이렇게 쌓이고 쌓인 작은 상처는 마침내 덧나 자존감에 치명상을 입힙니다.

당신이 남 탓할 줄 모르게 된 이유

이분들은 어쩌다 남 탓하는 능력을 잃어버리게 된 것일까요?

가장 흔히 볼 수 있는 것은 무조건 자녀를 탓하는 부모님 밑에서 자란 케이스입니다. 부모님이 어려서 이혼을 해 어머니하고만 자란 아이가 있었습니다. 남편과 이혼하고 여자 혼자서 아이를 키우는 게 쉬운 일은 아니죠. 그러다 보니 어머니는 그러면 안 되는 줄 알면서도, 수시로 아이에게 화를 내며 스트레스를 풀곤 했습니다. 어머니는 아이에게 "너만 아니면 되는데, 너 때문에 내가 이렇게 됐다"라든지 "너는 왜 맨날 그 모양이니?"라고 하며 아이를 질책하고 비난했습니다.

아이는 어렴풋이 어머니가 자신을 화풀이 상대로 여기는 걸 알고 있지만, 어머니가 자기를 버리면 갈 곳이 없다는 생각에 두렵습니다. 결국 어머니를 탓하지 않고 자기가 문제라면서 상황을 합리화하고 분노를 억누릅니다. 그러면서 '다음부터 내가 잘하면 엄마가 화내지 않을 거야'라고 스스로를 진정시킵니다. 어릴 때부터 이런 일을 반복적으로 경험한 아이는 나이가 들어서도 그러한 태도가 유지돼 사소한 문제 상황에서도 자책하며 상처를 키우고 맙니다.

이런저런 이유로 열등감에 시달리거나 자신감이 부족한 분들 역시 남 탓할 줄을 모릅니다. 이분들은 자신에게 아무런 힘도 없다고 생각합니다. '내게는 상대방을 바꿀 힘도, 상황을 바꿀 힘도 없다'는 것이 이분들의 기본적인 태도입니다. 따라서 남이 잘못했다거나 상황이 잘못된 것이라면, 남을 바꿀 힘이 없는 나는 영원히 고통받을 수밖에 없는 것이죠. 그렇게 영원히 고통받으니 차라리 모든 문제를 내 탓으로 돌리고 마는 겁니다. '다음에 내가 눈치껏 행동하면, 사람들이 날 건드리지 않을 거야'라고 되뇌면서요. 이렇게 이분들은 그것이 자책인 줄도 모른 채 자기 자신이 상황을 통제할 수 있을 거라는 헛된 환상을 품게 됩니다.

어느새 총알받이가 되어버리다

정말 심각한 것은 이런 분들이 가족 내에서, 회사 내에서, 친구들 사이에서 희생양이 되곤 한다는 데 있습니다. 무언가 일이 잘못될 때마다 전부 자기 때문이라고 말하는 사람이 옆에 있다고 생각해보세요. 아마 문제가 생기면, 그 사람이 가장 먼저 총알받이가 되고 말 겁니다.

이분들은 착해서 늘 이용을 당합니다. 간혹 너무 부당한 일이다 싶어 참다못해 한마디를 하면, 오히려 못된 사람들이 적반하장으로 나올 겁니다. "네가 잘못해서 그런 거잖아"라고 하며 세뇌를 시키려 할 거예요.

남편이 어쩌다 한 번 저지른 실수를 틈날 때마다 되새김질하는 아내가 있습니다. 보통 남편 같으면 짜증을 내겠죠. 하지만 착한 남편은 아내가 아직도 그 일 때문에 괴로워한다는 것에 죄책감을 느끼며 계속해서 아내에게 욕을 듣고 삽니다. 그러다 남편이 "나도 너무 힘들다" 정도의 말을 하면, 아내는 "너는 공감 능력이 없다"라고 하면서 병원에 가서 심리 검사를 받고 공감 능력을 키워오라고 몰아세우기도 합니다.

보통 사람들은 그런 말에 넘어가지 않습니다. 그런데 이분들은 논리적으론 자신이 잘못하지 않았다는 걸 알면서도, 감정적으론 자기가 잘못했다고 느끼면서 우울하고 무기력한 기분에 빠집니다. 그렇게 자기 방어하는 것을 포기하고 말죠. 못된 사람들은 이내 자기가 옳다고 착각하면서 이 착한 분들을 더욱 몰아붙일 것이고요.

내게 어느 정도 마음의 힘이 있는 상태에서는 남을 향하는 원망의 화살을 거두고 내 탓을 해도 쉽게 상처받지 않습니다. 오히려 그렇게 내 책임을 인정하는 편이 잘못을 따져 해결책을 모색하는 데 도움이 되죠. 남을 탓하다 보면, 내 문제를 보지 못하게 마련이니까요.

하지만 내 마음이 약한 상태에서는 원망의 화살이 자신을 향하는

내 마음이 약한 상태에서는
원망의 화살이 자신을 향하는
순간 쉽사리 무너지고 맙니다.
상대가 나를 괴롭히지 못하도록 해야 하는데,
그러질 못해요.
결국 남 탓을 하느니만 못한 결과가
발생하고 맙니다.

순간 쉽사리 무너지고 맙니다. 설혹 내 문제가 무엇인지 찾더라도 상황 해결에는 도움이 되지 않습니다. 상대가 나를 괴롭히지 않도록 행동해야 하는데, 그러질 못해요. 그저 내 문제를 찾아서 나를 바꿔보려고만 할 뿐 상대로부터 나를 보호하기 위한 적절한 행동을 취하지 못합니다. 결국 남 탓을 하느니만 못한 결과가 발생하고 맙니다.

문제의 원인을 하나하나 따져보자

자책이 지나친 분들은 '지나친 남 탓도, 지나친 내 탓도 문제'라는 말을 유념해야 합니다.

직장에 매여 아이들에게 소홀해지자, 자영업을 해야겠다고 마음먹고 제과점을 차린 어떤 여자 분이 있었습니다. 남편이 아이들에게 더 신경 써야 하는 것 아니냐며 먼저 다른 일을 권했던 것이죠. 남편은 어차피 현재 직장에서 버는 돈도 얼마 안 되니 제과점을 해도 최소한 그 정도는 벌 수 있을 거라고, 손해만 안 보면 된다고 했습니다. 이 말에 용기를 낸 그녀는 회사를 그만두고 제과제빵 교육도 받고, 제과점에서 아르바이트생으로 몇 달간 실무를 익혔습니다. 그렇게 어느 정도 일에 자신이 붙자, 제과점 낼 준비에 돌입합니다.

프랜차이즈 본사에서는 제과점 성공 여부가 위치에 달렸다면서 임대료가 어느 정도 나가더라도 유동 인구가 많은 번화가에 가게를 내라고 권했습니다. 그러나 남편은 아이들 생각을 해서 집 가까운 곳에 내라고, 이 동네가 유동 인구가 적긴 하지만 그만큼 경쟁도 치열하지 않다고 했죠. 남편 말에 따라 장소를 정하고 마침내 제과점을 열었는데, 장사가 생각만큼 되지 않았습니다. 초반에는 아르바이트생도 썼지만 다달이 적자를 내면서 결국 그녀 혼자 운영을 도맡게 됐고, 가족들을 보살필 시간이 오히려 더 적어지고 말았습니다. 밤늦게까지, 심지어 주말에도 나가서 일을 해야 했으니까요.

돈도 돈이었지만 그녀가 제일 견디기 힘든 건 남편의 질책이었습니다. 남편은 아내가 늦게까지 제과점에 있으니 자기가 애들 저녁까지 챙겨야 한다며 불만이었습니다. 아이들은 아이들대로 엄마가 이것저것 챙겨주지 않는다고 불만이었죠. 그녀는 자기가 능력도 없으면서 일을 벌였다고 자책하게 됐습니다. 일이 잘못된 이유를 모두 자신의 능력 부족, 한 가지로만 돌린 것입니다.

그런데 이 상황이 과연 그녀 혼자만의 잘못으로 벌어진 걸까요?

물론 개인의 능력과 노력도 하나의 요인이 될 수 있습니다. 이는 통제 가능한 부분입니다. 내 능력을 최대한 발휘할지, 적당히 발휘할지는 스스로 결정할 수 있는 문제니까요. 노력은 더할 나위 없겠죠. 하지만 일의 성공 여부를 결정하는 데는 통제 불가능한 요인도 작용합니다. 그 일이 얼마나 어려운지, 또 운이 얼마나 따르는지 하는 부분이 그것입니다.

그렇기 때문에 균형 잡힌 평가가 중요한 것입니다. 우리는 무언가 문제가 생기면 그 원인을 한 가지로만 생각하는 경향이 있는데요. 아주 위험한 발상입니다. 문제의 원인을 어느 한 가지로 몰아가는 대신,

이 문제에 어떤 요인이 크게 작용했는지 분석해보는 것이 중요합니다. 앞의 이야기에서 그녀는 제과제빵 자격증까지 따고 제과점 아르바이트생으로 일하는 등 누구보다 노력을 게을리하지 않았습니다. 앞서 사회생활을 하면서 사람들 대하는 것도 많이 익혔을 테니, 그녀의 능력이 부족했다고 섣불리 단정할 수도 없는 노릇입니다. 오히려 장사를 시작하며 입지 조건을 무시하도록 종용한 남편의 잘못이 더 크다면 클 것입니다. 운도 별로 좋지 않았던 것 같고요. 결국 장사가 잘되지 않았던 게 온전히 그녀 탓은 아닌 셈입니다.

처음에 등장한, 위아래로 빨간색 옷을 입었다고 홍삼 같다는 놀림을 받았던 여자분의 경우는 어떨까요? 보통 사람들은 '그 정도 농담은 그냥 받아넘기면 되는 거 아냐?'라고 생각할지 모르지만, 자책형인 분들은 이런 말 한마디가 송곳처럼 느껴지기도 합니다. 이 이야기 속의 여자분 역시 자기가 왜 그런 말을 들었는지 그 이유를 여러 관점에서 살펴야 합니다. 정말 자기 패션 센스가 별로일 가능성도 있지만, 맨 처음 그 말을 꺼낸 친구가 원래 남을 놀리기 좋아하고 깐족대는 스타일일 수도 있지 않을까요?

평소 자책감 때문에 상처를 많이 받는 분들은, 걸리는 문제가 생길 때마다 그 원인을 다각도에서 생각해보시기 바랍니다. 이런 분들은 알게 모르게 남에게 좋은 모습을 보여야 한다는 강박 때문에 그냥 "나 때문이야. 내가 잘못했어"라고 말하기도 하는데요. 아무리 원인을 따져도 내 탓이 아닐 경우, 그걸 겉으로 표현하지 못하겠다면 최소한 마음속으로라도 '나 때문이 아니야. 운이 나빴어' 혹은 '나 때문이 아니야. 저 사람 때문이야'라고 생각하셨으면 합니다. 자신이 조금 뻔뻔하다는 생각이 들더라도 그렇게 해야 합니다. 그래야 더 큰 상처를 예방할 수 있습니다.

no.3 **"내가 거절하면
저 사람이 얼마나 힘들까요"**

동정심에 발목 잡히는 사람

"이리 와서 너희 아빠 핸드폰 비밀번호 좀 풀어봐."

오늘도 엄마는 내게 아빠의 뒷조사를 맡긴다.

"엄마, 이제 그만해. 아빠가 안 좋아하잖아."

"어차피 지금 아빠 씻잖아. 한 번 바람피운 사람이 두 번은 못하겠니? 수시로 확인해야지."

나는 마지못해 아빠의 핸드폰을 가져와 이리저리 비밀번호를 넣어보았다. 생각나는 번호는 다 입력해봤지만, 전부 맞지 않는다는 메시지가 떴다.

"엄마, 아무리 해봐도 안 되는데."

"이놈의 인간이, 또 뭘 숨기려고 비밀번호를 바꿨대? 내가 못살아."

이때 욕실에서 샤워를 마친 아빠가 옥신각신하는 엄마와 나를 번갈아 쳐다보았다.

"너 내 핸드폰 들고 뭐해? 또 너희 엄마가 시켰냐? 대체 왜들 그러는 거야!"

놀란 나는 허둥지둥 말했다.

"저, 저기…. 아빠 그게 아니라…."

잔뜩 눈을 부릅뜬 아빠는 내 손에서 핸드폰을 낚아채며 나지막하게 말했다.

"너희 엄마는 그렇다 치고, 너까지 왜 이러는 건데? 아주 아빠 왕따 시키고 둘이 편이라도 먹으려는 거야?"

나는 고개를 떨군 채 우물쭈물했다. 그러다 흘깃 엄마 쪽을 쳐다봤지만, 이내 모르는 일이라는 듯 엄마는 어느새 주방에 가 있었다. 아빠가 옷을 갈아입으러 간 사이, 나는 엄마에게 다가가 말했다.

"엄마, 아빠가 뭐라고 하잖아. 제발 이제 좀 아빠 믿고, 아빠랑 사이 좋게 지내."

"미쳤니? 나는 너희 아빠 절대 안 믿어. 그리고 너한테 별말 하지도 않던데, 뭘. 애가 소심해가지고서는."

나는 엄마와 아빠 사이에서 이럴 수도, 저럴 수도 없었다.

· ·

남에게 싫은 이야기를 해야만 하는 경우가 있습니다. 그런데 이때도 누군가는 당당하게 말하고, 누군가는 난감해하죠. 직장상사나 동료가 곤란한 부탁을 할 때도 마찬가지입니다. 자기 급할 때만, 힘들 때만 나를 찾는 사람들이 한둘이 아니죠? 가장 쉬운 예가 보험 가입 좀 해달라는 부탁입니다. 착한 분들은 지인 중 누군가가 인정에 호소하며 보험 좀 가입해달라고 하면, 울며 겨자 먹기로 묻지도 따지지도 않은 채 도장을 찍습니다.

곤란한 부탁을 해오는 사람들을, 누군가는 단호하게 거절하고 누군가는 손해를 보면서까지 도와줍니다. 회사에서 부하직원을 대할 때도 그렇습니다. 고래싸움에 새우 등이 터지는 게 아니라, 새우 싸움에 고래 등이 터집니다. 어느 부하직원이 몸이 안 좋다고 해서 조금 일찍 가도록 배려해주면, 다른 직원이 왜 차별하느냐고 나도 일찍 가고 싶다고 대듭니다. 먼저 배려받은 직원은 장기 근속자에 일도 열심히 하는 사람이고, 항의한 직원은 들어온 지도 얼마 안 된 데다 요령만 피우는 직원입니다. 그럼에도 이런 이야기를 들은 마음 약한 상사는 당황하며 단칼에 끊어내지 못합니다.

가정에서는 어떤가요? 동정심 강한 여자와 나쁜 남자 커플은 그야말로 최악의 조합입니다. 매일 술 마시고 늦게 들어오는 나쁜 남편에게 동정심 강한 아내가 싫은 소리를 합니다. 그러면 나쁜 남편은 자기도 너무 힘들고 스트레스를 받아 그런 거라며 하소연을 하죠. 동정심 강한 아내는 '알고 보면 남편도 불쌍한 사람'이라는 생각에 눈물을 흘립니다.

사람들은 보통 자신이 남에게 잘못한 것은 빨리 잊어버리고 남들이 자신에게 잘못한 것은 잊지 못합니다. 자신의 잘못을 남들이 용서해주는 것은 당연하게 여기면서, 정작 자신은 남을 용서하지 않아요. 그런데 동정심 강한 이들은 이와 정반대입니다. 자신이 남에게 한 잘못은 오래 기억하고, 남들이 자신에게 한 잘못은 쉽게 용서합니다. 심지어 남에게 준 아주 작은 상처까지 오래오래 기억하다가, 오히려 그 기억으로 상처를 받곤 합니다.

당신의 동정심이 유독 과한 이유

인간이 동정심을 지니는 것은 타인의 고통에 공감하는 능력이 있기 때문입니다. 이 역할에 관여하는 뇌세포를 '거울 뉴런Mirror neuron'이라고 합니다. 거울 뉴런이 발달한 사람은 타인이 불행에 처한 것을 보고 그냥 넘어가지 못합니다. 반면 사이코패스로 불리는 범죄자들은 자신의 행동으로 인해 타인이 고통을 받아도 동정심을 느끼지 못해요. 오히려 상대의 고통을 보며 흥분을 느끼기까지 합니다. 결과적으로, 타인에게 아무런 동정심도 느끼지 못하는 사이코패스의 맞은편 극단에 놓인 이들이 바로 동정심 강한 사람들입니다.

이들은 공감 능력을 측정하는 정서인식력검사Emotional Recognition Test, ERT에서 아주 뛰어난 능력(?)을 발휘합니다. 정서인식력검사 1단계는 컴퓨터 화면에 뜬 사람의 얼굴 표정을 보면서 그가 화가 났는지, 슬퍼하는지, 기뻐하는지를 알아맞혀 정서인식력을 확인하는 것입니다. 2단계는 네 가지 얼굴 표정 가운데 감정의 결이 다른 하나를 고르게 하여 정서 변별력을 확인하는 것입니다. 3단계는 일련의 상황을 보면서 대상이 어떤 감정을 느끼고 있는지 선택하게 해 맥락 이해력을 확인하는 것입니다.

얼핏 생각하면 아주 간단한 검사인데요. 신기하게도 이를 잘하는 사람과 못하는 사람이 분명히 있습니다. 이 말은 곧 타고나길 공감 능력이 뛰어난 사람이 존재한다는 것입니다. 이들은 타인의 감정을 유난히 잘 알아챕니다. 어떻게 보면 눈치가 빠르다고도 할 수 있겠는데요. 이들은 '내가 이렇게 하면 저 사람이 마음 아프겠지'라고 생각하며 남의 마음을 아프게 하는 행동도 하지 않아요. 여러 사람이 모여 누군가를 욕할 때도 함께하지 않습니다. 죽도록 힘들 때조차 누군가가 내게 간곡히 무언가를 부탁하면 거절하지 못합니다. 그래서 누가 뭐라 하건 보증도 참 잘 서줍니다.

이런 타고난 요인 외에 환경적 요인도 있습니다. 저는 초등학교 도덕 시간에 '착하게 살아야 한다'는 선생님 말씀을 듣고서 '사람들이 다른 사람들에게 착하게 살라고 하는 건 결국 자기가 편하기 위해서가 아닐까? 남에게는 착하게 살라고 하면서 자기 잇속을 차리려는 건 아닐까?'라는 의문이 들었던 적이 있습니다. 결국 우리가 착하게 구는 것은 일정 부분 내 선택에 의한 행동이 아니라 심리적 강요에 의한 행동일 수 있다는 것이죠. 그도 그럴 것이 무의식적인 굴레 때문에 남들이 불편한 부탁을 해도 거절하지 못하던 이른바 '착한 사람'이 심리 치료를 받으면서 쉽게 거절하는 사람으로 거듭나는 경우가 종종 있습니다.

착한 사람 콤플렉스의 쓸쓸한 결말

앞서 등장한, 엄마와 아빠 사이에서 이러지도 저러지도 못하는 '나'의 이야기, 혹시 '이거 내 이야기 아닌가?'라고 느끼신 분 없었나요? 부모라고 해서 늘 자녀에게 헌신적인 것만은 아닙니다. 가족은 일상을 늘 함께 하는 사이이기 때문에 작은 상처를 주고받아도 그것이 상처인 줄 모르게 마련입니다. 특히나 착한 사람들에게 가족은 늘 상처와 굴레의 가장 큰 원인이 되기도 합니다.

이야기 속의 '나' 역시 엄마에 대한 애틋함과 안쓰러움 때문에 쉽사리 부탁을 거절하지 못하지만, 결국 엄마로 인해 아빠에게 오해를 사고 욕을 먹습니다. 그런데도 아마 다음번에 엄마가 또 곤란한 부탁을 청해온다면, 나는 거절하지 못할 가능성이 큽니다. 이처럼 누군가의 부탁을 거절하지 못하는 사람들에게 흔히 '착한 사람 콤플렉스'가 있다고들 말하죠. 이분들은 항상 손해를 보면서도, 자기가 좋은 대인관계를 갖고 있다고 스스로를 합리화합니다. 정작 주변에 자신을 이용해 먹으려는 사람이 점점 늘어나는데도 이를 전혀 모른 채 말이죠.

그렇게 남의 부탁만 줄기차게 들어주다 내 손해가 가시적으로 쌓이면, 아무리 착한 사람이라도 무언가가 잘못됐다고 느끼게 됩니다. 짜증도 날 것이고요. 그래서 한두 번 거절 의사를 밝힐 때, 과연 남들이 "그래도 그동안 정말 고마웠어"라고 말해줄까요? 절대 그렇지 않습니다. "이럴 거면 진작 말하지 그랬어. 이제 와서 이러면 어떻게 해"라고 하며 오히려 나를 무책임한 사람으로 몰아갑니다. 당연히 이런 말을 들은 나는 치명적인 상처를 입습니다. 게다가 어떻게 해야 할지 몰라 망설이다가 마지막에는 어쩔 수 없이 상대의 부탁을 들어주고 맙니다. 그러면 그들은 말합니다.

"기왕 해줄 거, 처음부터 해주면 좋았잖아."

동정심이 과한 분들은 특히 돈 문제가 걸렸을 때 상처를 많이 받습니다. 큰돈은 말할 것도 없고요. 적게는 1~2만 원, 많게는 10~20만 원 정도씩을 급하다고 빌리는 부류가 꼭 있습니다(이런 친구들은 빈대 짓도 잘합니다. "나 담배 한 개비만" "나 점심 좀 사주면 안 돼?" "내 커피도 같이 계산해주라. 이따가 돈 줄게"라고 하면서 수시로 야금야금 내 돈을 가져가는데, 결코 갚는 법이 없습니다). 몇 년이 지나고 나면 이 친구들이 빌린 돈이 수백만 원씩 쌓입니다. 고심하다가 그 돈 좀 받아야겠다고 하면, "내가 요새 좀 힘들어서"라고 하며 불쌍한 표정을 짓습니다. 하는 수 없이 이 친구를 다독이며 밥까지 사줍니다. 집에 돌아가는 길에는 '아, 내가 왜 그랬을까'라면서 후회합니다. 이것이 모두 내 지나친 동정심 때문에 벌어진 일이라는 것도 모른 채 말이죠.

부탁받았을 때 기억해야 할 네 가지

이렇게 나의 동정심을 이용하는 사람들은 애초 가까이하지 말아야 합니다. 부탁을 받으면 마음이 약해지고 마니, 그런 사람들이 주변에 없어야 내가 손해 볼 일도 사라지니까요.

하지만 현실이 어디 그리 쉽나요. 이런 사람들을 도저히 멀리할 수 없을 때는 다음의 원칙 네 가지를 반드시 기억하시기 바랍니다.

첫 번째 원칙은 '부탁을 한 번 들어줬으면, 그다음에는 상대에게 부탁을 하나 하라'는 것입니다. 여러 번 내게 부탁을 해오던 상대에게 어쩌다 한 번 나도 부탁을 했는데, 입을 싹 씻어버리는 경우가 종종 있습니다. 이런 상대는 내게 언제든 상처 줄 수 있는 사람입니다. 때문에 누군가가 내게 부탁을 했고 그것을 들어준 다음에는 나도 하나 가벼운 부탁을 하면서 상대가 신사적인지, 이기적인지를 확인해야 합니다. 만약 내 사소한 부탁에 상대가 곤란하다는 식으로 나온다면, 나 역시 다음에 그의 부탁을 들어줄 필요가 없는 것이죠. 또한 이 사람이 나중에 내게 부탁을 해올 일이 생기더라도, 자기가 내 부탁을 한 번 거절했던 걸 떠올리면 너무 쉽게 말을 꺼내지는 못할 것입니다.

두 번째 원칙은 '앉은 자리에서 바로 승낙하지 말라'는 것입니다. 아주 급한 일이 아니라면, 수업을 마치고, 퇴근한 다음, 볼일을 보고 나서 다시 연락해주겠다고 해보세요. 간절한 표정으로 날 처다보는 상대방 얼굴을 보면, 합리적으로 생각할 여지가 사라지고 맙니다. 그러니 당장 거절의 말이 입에서 떨어지지 않는 여러분이 해야 할 일은 확답을 미루는 연습입니다. 이것부터 차근차근 해보시기 바랍니다.

세 번째 원칙은 '곤란한 일일수록 남과 의논하라'는 것입니다. 동정심 강한 사람들은 누군가의 부탁을 거절했을 때 남들이 나를 냉정하다고 여길까 봐, 나아가 나를 못된 사람이라고 생각할까 봐 걱정합니다. 따라서 동료가 되었건, 친구가 되었건, 가족이 되었건 가까운 사람과 의논하면서, 곤란한 부탁을 들어주지 않는 내가 틀리지 않았다는 것을 확인할 수 있어야 합니다. 만약 빨리 결정해야 하는 상황인데 옆에 의논할 사람이 없다면, 문자메시지로라도 누군가에게 꼭 물어보세요. "거절해도 돼" "미쳤다고 그런 부탁을 들어주냐?"라는 말 한마디가 큰 용기를 줄 것입니다.

네 번째 원칙은 '취소를 두려워하지 말라'는 것입니다. 급하게 보채는 상대 때문에 어쩔 수 없이 승낙하긴 했더라도, 그것이 자꾸 마음에 걸린다면 뒤늦게라도 거절할 수 있어야 합니다. 쇼핑을 하러 갔다가 점원의 강력한 권유(?)에 못 이겨 싫다는 소리를 하지 못하고 물품을 구매해본 적 있나요? "다음에 올게요"라는 말 한마디를 남긴 채 돌아서는 게 뭐가 그리 어렵다고 그걸 못 했을까 후회한 적 많았을 겁니다. 이럴 때 환불하러 가는 것부터가 연습의 시작입니다. 가까운 사람보다는 그나마 잘 알지 못하는 점원을 상대로 연습하는 게 차라리 쉬우니까요. 단, 취소를 할 거라면 가급적 빨리 하는 것이 나를 위해서도, 상대를 위해서도 더 낫다는 점을 명심하세요.

no.4 "세상 일이 참,
내 마음같지 않네요"

잦은 실망감에 몸서리치는 사람

오늘은 동생 내외의 집들이 날. 결혼 10년 만에 그 힘들다는 내 집 장만에 성공한 동생이 그렇게 대견할 수가 없다. 아내와 몇 시간을 돌아다니며 고른 집들이 선물을 들고 동생 집을 찾았다. 동생 집에는 동년배의 사촌 형제들이 이미 와서 한창 집들이 선물을 하나하나 열어보고 있었다.

"야, 너는 내가 화장지 사오지 말라는데 기어코 이걸 사왔냐? 도로 가져가!"

동생의 농담 한마디에 까르르 웃음꽃이 핀다.

"이거, 내가 와이프랑 자그마치 두 시간을 돌아다녀서 고른 거야."

"뭔데?"

자랑스럽게 꺼낸 내 말에, 모두의 이목이 집중된다.

"하하하. 일단 열어봐. 진짜 신중하게 골랐어. 화장지나 세제처럼 흔한 것도 아니고, 써서 없어지는 것도 아니고……."

내가 신이 나서 설명하는 동안 동생이 포장을 뜯었다.

"어? 이거 그림이네?"

동생이 어색한 미소를 지으며 제수씨를 쳐다보았다.

"왜? 마음에 안 들어?"

"아니 그게 아니라, 집사람이 벽에 뭐 거는 걸 안 좋아해서. 그래서 인테리어도 최대한 심플하게 했는데, 이 그림은 되게 튀네."

"아…. 그래?"

속상한 나를 아랑곳하지도 않고, 예의 쿨한 아내가 한마디 한다.

"그러게, 이런 건 집주인 취향도 있고 집 분위기랑도 맞아야 하니 물어보고 하자니까. 괜찮아, 동서. 이거 마음에 안 들면 다른 걸로 바꿔도 돼. 혹시 몰라 내가 영수증 챙겨놨어."

"아니에요, 형님. 그림 좋은데요? 감사해요. 좋은 데다 걸어놓을게요."

제수씨는 웃으며 말했지만, 내 눈에는 그 웃음이 가식적인 것으로밖에 보이지 않았다.

'그러고 보니 지난번 선물한 의자도 안 보이네. 그게 얼마짜린데! 또 마음에 안 든다고 이 그림까지 어디다 처박아두겠지? 대체 왜 그렇게 제수씨는 안목이 후진 거야?

난처해하는 동생도, 좋아하는 척하는 제수씨도, 무엇보다 아무렇지 않아 보이는 아내도 다 미웠다.

· ·

나는 잘해줬는데 상대방이 그걸 몰라준다는 생각이 들면, 우리는 실망하는 동시에 상처를 받곤 합니다. 그중 봄가을만 되면 경조사비 때문에 등골이 휠 지경인 분들. 내 시간 쪼개가며 그렇게 열심히 결혼식장, 장례식장을 찾아다녔는데, 막상 내 경조사에 그 사람들이 다 오지 않은 걸 알게 되면 그 역시 상처가 되지 않던가요? 억울한 생각마저 들 겁니다.

사람도 사람이지만, 어떤 상황에 따른 결과에 실망하게 될 때도 많습니다. 시험공부를 열심히 했는데 기대만큼 점수가 나오지 않았을 때, 틀림없이 이번 보고서는 큰 칭찬을 받을 거라 생각하고 열성을 다해 작업했는데 상사로부터 뜨뜻미지근한 반응이 나왔을 때 우리는 상처를 받습니다.

마지막으로, 누구나 납득할 만한 실패가 아닌데도 이것을 실패로 간주하고 스스로에 대해 실망하는 사람들도 있습니다. 자기 자신에게 지나치게 엄격한 이런 분들의 마음은 언제나 크고 작은 상처로 가득합니다.

그 사람에게 실망할 때

사람에 대한 실망감 때문에 상처받는 분들은 대개 마음속에서 '저 사람은 좋은 사람이야'라고 단정한 후, 그 좋은 사람을 위해 노력하는 자기 모습을 사랑하곤 합니다. 남들이 자신을 좋아하는 것 같으면 스스로

자서전적 기억이 희미한 사람은
남의 말이나 행동에 심하게 영향을
받습니다. 남들로부터 좋은 평가를
받고 싶어 불이익을 감수하고 인내합니다.
그러다 인정받지 못하면,
실망감과 배신감에 사로잡혀 상처받고 맙니다.

를 좋은 사람으로 여기고, 남들이 자신을 싫어하는 것 같으면 스스로를 못난 사람으로 여기는 경향이 있는 것이죠. 즉, 타인이 나에 대해 갖는 이미지를 토대로 자신의 이미지를 구축한다고 보시면 됩니다.

인간의 마음속에는 '자서전적 기억'이라는 것이 있습니다. 이는 '나는 이런 사람이다'라고 하는, 일종의 자아주체성과 관련된 기억인데요. 이것이 굳건한 사람들은 타인의 말 한마디, 행동 하나에 일희일비하지 않습니다. 남들이 뭐라고 하건 나는 나인 것입니다. 그런데 자서전적 기억이 희미한 사람들은 이와 정반대로, 남의 말이나 행동에 심하게 영향을 받습니다. 남들로부터 '좋은 사람' '유능한 사람'으로 인정받고 싶기에 불이익을 감수하고 인내합니다. 때때로 희생적이고 헌신적으로 행동하기도 하고요. 그러다 인정받지 못한다고 느끼면, 실망감과 배신감에 사로잡힙니다.

이는 사회생활에서뿐 아니라 부부관계에서도 자주 볼 수 있는 패턴입니다. 아내가 남편에게 헌신하며 스스로 '나는 좋은 아내다'라는 인식을 갖고 살았는데, 남편이 지나가는 말로 다른 집 아내를 칭찬하며 은근히 비교하는 것 같으면 깊은 상처를 입습니다. 자신이 믿었던 타인의 모습에 실망하게 된 순간, 그를 사랑하고 아끼는 나의 모습도 함께 무너지고 마는 것입니다.

상대가 나를 실망시킬 수밖에 없도록 몰아가는 경우도 있습니다. 앞서 등장한 사례처럼 기껏 선물을 해줬는데, 상대가 막상 그다지 좋아하지 않아 실망하는 사람들이 여기에 속합니다. 표면적으로 보면,

선물을 받고 곧바로 난감한 내색을 하는 동생 내외가 좀 심한 것 아닌가 싶습니다. 그런데 한번 생각해보세요. 필요하지도 않고 취향에도 맞지 않으며 있어 봤자 골칫덩어리인 선물을 받았을 때, 어디 고맙다는 마음이 들던가요?

이런 일들은 연인 사이, 부부 사이에서 특히 비일비재한데요. 드라마나 영화를 보면 모든 여자들이 남자에게 꽃다발을 선물받았을 때 기뻐하는 것으로 보이지만, 의외로 여자들 중에서는 꽃 선물을 싫어하는 분들이 많습니다. 꽃은 시들어버리면 끝이기 때문이죠. 이들은 꽃다발보다 남편이 한 달이라도 술을 끊겠다고 말해주는 게 더 큰 선물이라고 생각할 수 있습니다. 만취 상태에서 봐달란 듯이 꽃다발을 사들고 오는 남편은 더 보기가 싫습니다. 하지만 남편은 아내를 생각해서 특별히 꽃을 사왔는데, 별로 좋아하지 않는 아내 모습에 알게 모르게 상처를 받습니다.

상대가 무언가를 원할 때, 원하는 것을 원하는 만큼 해주는 것이 사랑입니다. 상대가 원치 않는 것을, 원치 않는 때에, 원치 않는 만큼 주는 것은 받는 이 입장에서 결코 사랑이 아닙니다. 이 명백한 진리를 알면서도 상대가 원치 않는 것을 굳이 주고 상처받는 데는 어떤 심리가 작동하는 걸까요?

얼핏 생각할 때 이런 행동은 상대에게 친절을 베푸는 것 같지만, 실은 상대를 통제하려는 것입니다. 상대가 원하는 것을 해주면, 상대는 당연히 기뻐하죠. 그런데 이렇게 상대가 기뻐하는 것을 넘어 내가 기쁜 것이 중요한 사람들이 있습니다. 이분들은 상대가 아무리 기뻐해도 내가 기쁘지 않으면 안 됩니다. 내가 좋아하는 것을 상대도 좋아해야만 합니다. 때문에 내가 골라준 선물을 싫어하고 자신이 고른 물건을 좋아하는 상대를 보면, '취향이 독특하다' '안목이 별로다'라고 생각합니다. 자신의 취향은 항상 옳고, 상대의 취향은 항상 틀리다고 믿습니다.

이런 경향이 짙은 분들은 누군가를 통제하려 했을 때 상대가 통제당하지 않으면, 자신이 통제받았다고 생각하며 종종 상처를 받습니다. 옷을 사려는 친구에게 "너한테는 이게 어울려"라고 강력 추천한 옷을 친구가 선택하지 않으면, '결국 자기 마음대로 할 거면서 왜 나랑 같이 가자고 한 거야?'라고 생각합니다. 사실 자기 뜻대로 되지 않아서 상처를 받았으면서, 내 말대로 하지 않은 상대가 답답하고 불쌍해서 속상한 거라고 스스로를 속입니다.

'왜 저 사람은 내 마음을 몰라줄까?'라는 생각이 자주 든다면, 실망하기 전에 '저 사람 마음은 어떨까?'를 먼저 헤아려보아야 합니다. '내가 이렇게 해주면, 저 사람이 좋아할 거야'라는 생각만큼 위험한 것도 없습니다. '저 사람이 무엇을 좋아할까?'를 혼자 고민하지 말고, 차라리 그 사람이 무엇을 원하는지 직접 물어보세요. 그 사람은 내 호의를 무시하고 내 마음을 몰라주는 무례한 사람이 아니라는 걸 확인하게 될 것입니다.

일의
결과에
실망할 때

일이나 상황의 결과가 예상보다 좋지 않아 실망하고 상처받는 경우도 있습니다. 이는 바꿔 말하면 '내가 할 수 없는 것을 할 수 있다'고 믿을 때 생기는 일입니다. 흔한 예가 내기나 게임, 도박입니다. 이번 판은 이길 것 같은데, 한 번만 더 하면 돈을 딸 것 같은데, 이상하게 예상이 빗나갑니다. 로또복권도 마찬가지죠. 언젠가는 틀림없이 당첨될 거라고 믿으면서 로또복권을 사지만, 번번이 돈만 날릴 뿐입니다. 본인은 '왜 나는 항상 안 되는 거지?'라고 생각하며 쓴 소주를 들이키지만, 옆에서 보기에는 애초 생각이 글러 먹었기에 생기는 당연한 결과일 뿐입니다.

그런가 하면 지나치게 낙관적으로 결과를 예측해 무모한 도전을 이어가는 분들도 있습니다. 수년째 선거에 나갔다가 줄곧 떨어지는 분들, 계속 망하면서도 이런저런 사업을 벌이는 분들, 십여 년간 같은 시험에 낙방하면서도 희망의 끈을 놓지 않는 분들이 이런 케이스인데요. 이분들에게 똑 부러진 충고를 해줄 만한 사람이 옆에 있으면 그나마 상황이 좀 나아지겠지만, 만약 헛된 꿈을 이어가도록 옆에서 헌신적(?)으로 뒷바라지를 하는 사람이 있을 때는 상황이 더 심각해집니다. 내 배우자가, 내 자녀가 언젠가 높은 자리에 올라갈 거라 믿고 뒷바라지에 열중인 분들의 희생은, 때때로 그 대상이 정말 꿈을 이뤘을 때 무척이나 숭고하게 여겨집니다. 하지만 현실은 어디까지나 현실이죠. 그런 일은 정말 충분한 재능이 있는 사람이 운도 따르고 기회도

잡았을 때에나 있을 수 있습니다.

내가 사랑하는 사람의 능력을 냉철하게 파악할 수 있는 안목을 가진 사람은 세상에 많지 않습니다. 이럴 때는 객관적인 결과와 수치에 의존해야 합니다. 언제까지나 "넌 할 수 있어. 조금만 힘을 내"라고 말하는 것은 자칫 사랑하는 그 사람의 인생을 갉아먹을 수도 있는 일입니다. 이상과 현실의 간격을 좁히도록 노력해보세요.

나 자신에게 실망할 때

자기 자신에게 실망하며 혼자 상처받는 분들은 대개 완벽주의자입니다. 이분들은 조금이라도 예상을 빗나가는 일이 생기면, 이것이 큰 문제라고 생각합니다. 남들 같으면 대수롭지 않게 넘어갈 실수에 대해서도 민감하게 반응하죠. 정말 큰 문제는 이분들이 남의 잘못도 잊지 못하지만, 자기 잘못도 잊지 못한다는 것입니다. 남에게도 나에게도 엄격하다 보니, 성에 차지 않는 일이 생겼을 때 상처도 두 배로 받고 맙니다.

이분들은 무엇이든 완벽하게 준비해야 직성이 풀립니다. 그런데 이를 남들이 알아주지 않으면, 마음이 아픕니다. 게다가 늘 기대치가 높다 보니 어떤 결과에든 만족하는 법이 없습니다. 그런데 사실 완벽함이 도를 넘어가면, 오히려 업무의 능률을 해치는 게 진리입니다. 학생 때 반에서 제일 공부 열심히 하는 학생이 어디 1등을 하던가요? 이런 학생들의 특징 중 하나가 노트 필기를 굉장히 공들여 한다는 것인데요. 이 친구들은 꼭 정해진 노트에, 정해진 펜으로 필기를 하면서, 시험 보기 전에 처음부터 끝까지 시험범위를 모두 보아야 직성이 풀립니다. 중요한 게 무엇인지는 알지만, 다른 데서 문제가 나오면 어떡하나 걱정이 되어 완벽하게 외우지 못하면 다음으로 넘어가지 못하는 것이죠. 그런데 역시나 1등은 시험에 나올 가능성이 큰 것부터 요점만 공부한 친구의 몫입니다.

나는 완벽하게 하기 위해 최선을 다했는데, 결과는 늘 남이 더 좋습니다. 자괴감이 생기겠죠? 그러면서 더 잘해야 한다는 심리적 압박도 심해지고, 결국 더 완벽해지기 위해 강박적으로 매달리는 악순환이 벌어지게 됩니다. 매사 열심히 하면 할수록 상처가 커지는 것입니다.

이분들은 남들이 보기에 사소하고 가치 없는 일일지라도 그 일이 굉장히 중요하다는 듯 꼼꼼하게 하려고 합니다. "뭘 그렇게까지 열심히 해?"라는 말이 이분들에게는 아프게 들립니다. 이분들은 만에 하나 있을지도 모르는 상황을 예로 들면서 자신이 그렇게 하는 데는 다 이유가 있다고 주장합니다.

물론 자신도 압니다. 이렇게까지 할 필요가 없다는 걸요. 하지만 자기가 쓸모없는 일을 한다고 생각하기는 싫습니다. 그러다 보니 이분들은 자신이 완벽하게 일하는 것에 대해 긍지를 지닙니다. 직장에서 자기처럼 꼼꼼하지 못한 사람들을 볼 때마다 자리만 지키고 월급만 축내는 무가치한 인간이라고 생각하면서요. 그러다 자신의 노력에 대해 상사나 동료들이 인정해주지 않으면, 자기가 도움이 되지 않는다는 생각에 사표를 던지기도 합니다. 자기 자신에 대해 실망하면서 상처를 받는 것입니다.

이분들은 일상생활에서도 완벽주의적이고 강박적인 모습을 보입니다. 늘 자기 방식을 고집하고, 주위의 충고에 따르려다가도 결국 자기 방식대로 돌아갑니다. 사소한 부분에 지나치게 집착해 시간 손해를 보는 일은 다반사. 스스로 비능률적인 것을 알고 조금은 대범해져야겠다고 다짐하지만, 결국은 사소한 일부터 해결해야 마음이 편합니다. 내가 정한 규칙을 어기는 게 죽기보다 싫거든요. 남에게 일을 맡기면 믿지 못하고 그 일을 수시로 확인하다 결국 자기가 하겠다고 합니다. 반대로, 누군가가 내게 일을 맡겼을 때 중간에 확인하려 하거나 참견하는 것은 싫어합니다.

이런 분들 중에는 사회적으로 성공한 분들도 꽤 많습니다. 그러나 성공으로 가는 과정에서 이분들이 받은 상처는 그대로 남아 있습니다. 게다가 이분들은 대체로 사적으로 외롭고 고립되어 있습니다. 다행인 것은 '내게 완벽주의 성향이 있다'는 것을 대부분 스스로 인지하고 있다는 점입니다. 이 점을 알고 있다면, 성격은 나이가 들며 점점 더 강해지고 고착화된다는 점도 더불어 알아야 합니다. 이런 나의 성격이 지속된다면, 결국 나에게도 남에게도 엄격한 잣대를 들이대며 지나치게 꼼꼼하게 구는 나를 받아줄 사람이 없을 거라는 점을 냉정하게 인식해야 합니다. 아울러 '내가 좀 덜한 완벽주의자라면, 더 성공할 수 있을 것'이란 사실도 명심해야 합니다.

no.5 **"창피당한 기억이
잊히질 않아요"**

수치심에 두 번 우는 사람

"나 살쪘나 봐. 바지 사이즈가 55로 늘어난 것 있지?"

"정말? 너 요즘 밤마다 선배들이랑 술 마시러 다니더니, 내 그럴 줄 알았어."

오늘도 살쪘다는 얘기 시작이다. 방송연예과에 있다 보니 워낙 예쁘고 날씬한 동기들이 많지만, 유독 내가 어울리는 이 무리에는 모델 지망생들이 많다. 나는 가수 지망생으로, 이 친구들만큼 날씬한 편은 아니다.

"넌 좋겠다. 살 걱정 안 하고, 막 먹을 수 있어서."

"그러게. 요새는 너처럼 적당해야 남자들도 좋아하는데."

"너처럼 적당해"라는 말에, 나도 모르게 얼굴이 화끈거리며 몸이 떨리기 시작했다.

'내가 적당하다고? 뭐지? 내가 날씬한 게 아니라 보통이라는 건가? 그렇게 뚱뚱해 보이나? 이상하다. 나 55사이즈인데. 애네처럼 44까지 빼야 하는 건가?'

머릿속이 복잡하다. 어릴 때 나는 많이 뚱뚱해서 늘 돼지라고 놀림을 받곤 했다. 그러다 가수의 꿈을 꾸기 시작한 고등학교 시절 이후, 지옥의 다이어트를 시작해 지금의 몸매를 만들 수 있었다. 그래도 살이 잘 찌는 체질은 여전해서 조금만 많이 먹어도 다음 날 부은 것 같아 보인다는 말을 듣기 일쑤였다. 남자친구는 나에게 지금이 딱 보기 좋다며 다이어트 얘기는 그만 좀 하라지만, 친구들 사이에 있다 보면 어린 시절 돼지라 놀림받던 그때로 돌아간 것 같은 울적한 기분을 지울 길이 없었다.

"얘 또 얼굴 빨개진다. 갑자기 왜 그래?"

달아오른 내 얼굴을 보고 친구들은 의아하다는 듯이 물었다.

"아니야. 나 원래 자주 이러잖아."

나는 화장실 핑계를 대면서 황급히 자리를 떴다. 오늘부터 44사이즈로 가는 지옥의 다이어트에 다시 돌입해야겠다.

∙∙∙

고등학교 때 친구들 앞에서 노래를 부르다가 실수한 것을 지금도 잊지 못하는 사람이 있습니다. 위의 이야기처럼 어릴 때 뚱뚱했던 사람이 살을 빼고 나서도 몸매에 관한 이야기만 나오면 예민하게 구는 경우도 있죠. 그런가 하면 내가 좋아하던 사람 앞에서 당한 망신은 두고두고 잊히지 않게 마련입니다.

사람들은 흔히 내가 남과 같지 않은 것에 대해 창피를 느끼곤 합니다. 학창시절을 떠올려보세요. 신체검사와 운동회가 있던 날은 누군가에겐 기다려지는 날이었겠지만, 누군가에겐 수치심의 향연이 펼쳐지는 날이었습니다. 이때 우리는 남보다 작은 키 때문에, 끝없이 돌아가는 저울 눈금 때문에, 친구들 등만 보며 달릴 수밖에 없는 느린 발 때문에 창피하기 짝이 없었습니다. 여기에 말투가 좀 독특하다거나 행동이 굼뜨기라도 하면, 친구들로부터 조롱 섞인 놀림을 받기도 했을 것입니다.

더군다나 부끄러움은 신체적 반응을 야기합니다. 가장 흔한 예가 홍당무처럼 얼굴이 빨갛게 달아오르는 것입니다. 이 홍조는 약간의 화, 슬픔, 당혹감이 섞여 나타나는 반응인데요. 이 반응을 들키고 나면, 부끄러움은 두 배가 되고 맙니다.

내 수치심은 왜 사라지지 않을까

창피한 순간은 누구에게나 있습니다. 하지만 대체로 이런 순간은 오래 지속되지 않습니다. 창피한 순간도 있지만, 그렇지 않은 순간이 더 많다는 걸 알기 때문이죠. 부정적 감정은 긍정적 감정과 연결되어 있습니다. 그러한 마음의 연속성 때문에 우리는 절망의 순간에도 희망을 꿈꾸며, 괴로운 순간도 웃어넘길 수 있는 것입니다.

문제는, 이렇듯 끝없이 물결치며 흐르는 강물과도 같은 마음의 연속성에 브레이크가 걸렸을 때입니다. 이럴 때는 수치와 창피의 감정이 당최 마음에서 씻겨 내려가지 않습니다. 결국 상처가 점점 깊어지고 종국에는 곪아가게 됩니다.

마음의 연속성에 문제가 없으려면 창피와 수치를 위로해주는 대상이 있어야 합니다. "에이, 그럴 수도 있지"라며 나의 실수를 대수롭지 않게 받아 넘겨주는 대상 앞에서 우리는 깊은 안도감을 느낍니다. 사람들의 비웃음은 상처를 더 깊숙이 파헤치지만, 호의적인 웃음은 수치심을 중화시키는 효과가 있습니다. 내가 엉뚱한 실수를 저질렀는데 사람들이 별일 아니라는 듯 웃어넘겨주면, 나도 멋쩍게 웃으며 긴장이 풀리는 것입니다.

하지만 창피를 당했는데 아무 데서도 위로받지 못하면, 괴로움이 배가 됩니다. 여기에 야단까지 맞으면(그것도 사람들이 보는 앞에서), 상처는 더욱더 깊어질 수밖에 없습니다.

실수를 저질러 창피하고 위축된 상태인 아이를 부모가 몰아붙일 경우, 아이에게는 그 상처가 평생 따라다닙니다. 부모는 아이가 다시는 그런 수치를 당하지 않도록 하기 위해 야단을 친다고 하지만, 사실 부모 자신도 아이가 창피해 화를 풀고자 야단을 치는 것입니다. 이미 스스로 충분히 부끄러워하는 아이를 앉혀놓고 하나하나 잘못을 지적하며 소리를 지르는 것은 달리다 지쳐 쓰러진 말에게 채찍질을 가하는 것과 다름없습니다.

특히 아이가 밖에서 창피당한 이야기를 부모에게 털어놓을 때, 부모가 아이를 위로해주기는커녕 냉담한 태도로 무시하거나 심하게 꾸중을 하면 아이의 창피한 감정은 수치심과 모멸감의 형태로 마음속 깊숙이 자리 잡습니다. 이렇듯 어려서부터 부모에게 혼난 기억이 많은 사람은 조금만 실수를 저질러도 자신이 부적절하게 행동했다는 생각에 몸이 굳고 쉽게 위축됩니다. 수치심이 제2의 천성으로 자리 잡게 되는 것이죠.

한편 부모가 너무 호들갑을 떠는 것도 문제입니다. 부모가 사소한 일을 마치 대단한 일인 양 부풀려 반응하는 것은 아이들 입장에서 무척 창피한 일입니다. 아이가 백일장에서 장려상 한 번 받은 걸 가지고 "우리 아이는 나중에 노벨문학상을 받을 인물"이라고 말하는 부모, 달리기에서 일 등 한 번 한 걸 가지고 "우리 아이는 국가대표로 올림픽에 나갈 아이"라고 치켜세우는 부모 들이 있습니다. 부모가 나를 자랑스럽게 여기는 것은 좋은 일이지만, 그것이 과하면 부끄러워지고 이는 곧 상처의 원인이 되고 맙니다.

그런가 하면 배가 좀 아프다는 아이의 말에 "아이고, 우리 아들 죽네"라며 난리를 부리는 스타일의 집안에서 태어난 아이는 뭐가 되었든 부모에게 말을 꺼내기가 쉽지 않습니다. 어릴 때 아이가 조금만 아프면, 집에서 학교까지 아이를 업어서 등교시키는 어머니가 있었습니다. 그 어머니는 아이를 사랑해서 한 행동이라고 항변하겠지만, 막상 아이 본인은 이 기억이 무척이나 수치스럽습니다. 친구들끼리 좀 다툰 것뿐인데 부모가 나서서 문제를 크게 만들 경우에도 아이들은 괴롭습니다.

이렇듯 조금만 틈이 보이면 과도한 관심의 형태로 아이에게 간섭하는 부모를, 아이는 무척 창피하게 생각합니다. 그리고 부모로 인해 느낀 창피함은 오래도록 진한 상처로 남아, 성인이 된 이후에도 비슷한 상황에 놓였을 때 남들보다 과도하게 수치심을 느끼는 형태로 발현되곤 합니다.

가슴속엔 수많은 말들이

어렸을 때부터 수치심이 컸던 사람들은 늘 자신이 실수할지 모른다는 두려움을 안고 삽니다. 그러다 보니 매사 사람을 대할 때 자연스럽지 못하고 긴장을 하게 됩니다. 자연히 실수도 많이 하겠죠. 그 실수를 두고 주변에서 놀리는 사람이 있어도 화를 내거나 피하지 못합니다. 꿀 먹은 벙어리처럼 아무 말도 하지 못하고 그 자리에 서 있을 뿐입니다. 그러다 자연스럽게 아이들의 놀림감이 되어 점점 더 큰 상처를 받게 됩니다.

이분들은 마음속으로는 사람들과 어울리고 싶고, 사람들에게 사랑받고 싶습니다. 하지만 자기 자신이 매력도 없고 무능하다고 여기면서 '나 같은 사람을 누가 좋아하겠어'라는 극단적인 생각까지 갖게 됩니다. 사람들에게 무시당할까 봐, 사람들이 나를 싫어할까 봐 무서워 작은 일에도 상처를 받지만 제대로 내색조차 못하는 불쌍한 지경에까지 이르게 되는 것입니다.

대부분의 사람은 타인이 나를 좋아할 것이라는 기본적인 인식을 가진 채 살아갑니다. 그런데 이분들은 어렸을 때부터 타인이 나를 인정하지 않을 것이라는 인식을 갖고 살아가는 경향이 있습니다. 사람들에게 비웃음거리가 되지 않기 위해 늘 조심하고 좀체 기분 나쁜 일이 있어도 속내를 드러내지 않습니다. 자신이 없을 때는 그냥 입을 다물어버리기 예사입니다.

때로는 그냥 사람들이 지나가는 말로 던진 이야기에 혼자 살을 붙여 생각하고는 상처를 받습니다. 앞선 사례에 등장했던 '나'는 "너처럼 적당해야"라는 친구의 표현을 "너는 너무 뚱뚱해"로 받아들였습니다. 제삼자가 보면 말도 안 되는 비약이지만, 몸매에 대해 아픈 기억을 갖고 있는 나로서는 누가 봐도 같은 말입니다. 이런 분들은 다른 사람의 농담도 진지하게 받아들입니다. 심한 경우 농담을 자신에 대한 조롱으로 여기기도 합니다.

그러다 보니 이런 분들은 대체로 자기만의 껍질 속에 스스로를 가두고 조용히 살아가는 편인데요. 재미있는 것은 낯선 상황에 부닥칠 때마다 일부러 사소한 실수를 해 사람들을 웃기면서 스스럼없이 관계를 맺어가려는 정반대 스타일의 분들도 있다는 것입니다. 한마디로 자신이 예상치 못한 타이밍에 웃음거리가 되고 싶지 않은 나머지 스스로가 통제 가능한 상황에서 먼저 웃음거리가 되기를 자처한다는 것인데요. 이런 모순적 해결은 결국 가슴속에 더 깊은 생채기만 남길 뿐입니다.

수치심으로 인해 위축될 대로 위축된 사람은 결국 잠재력을 발휘하지 못하고 주어진 삶만 꾸역꾸역 살아가게 됩니다. 그렇게 상처가 깊어질 대로 깊어지며 창피와 수치심이 모욕감으로 이어지면, 어느 순간 모욕감이 분노로 발현되기도 하죠. 이 분노는 특정 상대를 향하기도, 나 자신을 향하기도 하는데요. 평소 말수가 적고 착하게만 보이던 사람이 갑자기 충동적으로 분노가 폭발해 공격적 행동을 일으키는 경우가 여기에 해당합니다.

변화를
도모해야
한다

느끼셨겠지만, 수치심으로 인해 기를 펴지 못하고 사시는 분들은 이 문제를 반드시 해결해야 합니다. 그렇지 않으면 상처가 깊어지는 것은 둘째 치고, 인생이 잘 풀리지 않는다는 느낌에 허우적대는 것은 물론, 어느 순간 반사회적인 행동을 하게 될지도 모릅니다.

가장 중요한 것은 일단 저지르고 보는 것입니다. 자신이 나름대로 최선을 다해 싸운 경우, 결과적으로 패배했을지라도 자신의 용기에 스스로 감탄하게 마련입니다. 이러한 기억은 앞으로 삶을 살아나갈 때도 긍정적으로 작용해, 스스로를 믿고 일을 추진해나가는 원동력이 되기도 합니다. 하지만 찍 소리도 못 하고 당해버린 경우에는 끝 모를 수치스러움에 계속 빠져들 것입니다.

사람은 곤경에 처해 있을 때 뭐라도 집중해서 해야지 절망감에 빠지지 않습니다. 뚱뚱하다는 이유로 창피를 당한 사람은 살을 빼기 위해 식이조절이든 운동이든 일단 시작을 해야 수치심이라는 질곡에서 어느 정도 벗어날 수 있습니다. 일을 왜 그 모양 그 꼴로 하느냐고 상사로부터 질책을 당해 수치심을 느꼈다고 해볼까요. 그냥 술이나 마시고 마음을 꽁꽁 싸맬 수도 있지만, 자신을 인정해주는 보다 좋은 직장에 가기 위해 영어학원에도 다니고 컴퓨터 프로그래밍도 배우면서 건강하게 더 큰 기회를 만들 수도 있습니다. 대인관계에 도움을 주는 책을 읽으며 어떻게 하면 윗사람을 잘 다룰 수 있을지 작전을 짤 수도 있겠죠.

사실 마음의 상처를 빨리 치유하고자 이 책을 읽는 것 자체도 대단한 노력입니다. 이러한 노력이 하나둘 쌓이다 보면 수치심이 희미해지고, 어느 순간 나 스스로 상처를 극복했다는 자긍심을 얻을 수 있을 것입니다.

또 하나, 유독 나를 놀려대며 수시로 내게 수치심을 안겨주는 사람이 곁에 있을 때, 그에게도 그럴 만한 이유가 있을 거라고 생각하며 참는 자세는 전혀 도움이 되지 않습니다. 남을 놀려대는 인간은 사실 본인의 열등감을 감추기 위해 남의 약점을 찾아내 지적하면서 일시적으로나마 스스로 우월감을 느끼려는 부류입니다. 그러니 이해해줄 필요가 없어요.

이런 부류를 자꾸 용인하다 보면, 내 가슴이 온통 멍투성이가 되는 것은 물론, 그가 나 역시 이런 상황을 좋아한다며 말도 안 되는 오판을 하게 만들 수도 있습니다. 공개적으로, 당신이 나를 이렇게 놀리는 것이 기분 나쁘다는 것을 분명히 밝히고, 필요하다면 단호하게 화도 내야 합니다.

내가 만만치 않다는 것을 보여주는 것만으로도 그는 다음에 내가 자기 약점을 들추어낼까 두려워 더는 나를 놀리지 못할 겁니다. 처음엔 입이 잘 떨어지지 않겠지만, 그럴 때마다 마음속으로 '내가 만만치 않다는 걸 보여주겠어'라는 말을 계속 되뇌어보세요. 틀림없이 용기가 날 겁니다.

마지막으로, 과거를 잊기 위해 애써야 합니다. 어린 시절부터 수치심에 길들여진 사람일수록 이 점을 명심해야 합니다. '선견지명先見之明, foresight'에 대비되는 '후견지명後見之明, hindsight'이라는 표현이 있습니다. 후견지명이란 일이 벌어진 이후 '내 그리 될 줄 알았다'는 식으로 생각하는, 일종의 관점을 말합니다. 어쩌면 성공의 원인을 따지는 사람들 중 상당수가 바로 이 후견지명 효과에 매몰되어 있다고도 볼 수 있을 텐데요. 문제는 이 후견지명을 과신하는 사람들입니다. 특히 잘된 일을 두고 "역시 나는 성공할 줄 알았다니까"라고 큰소리 뻥뻥 치는 것도 위험한 일이지만, 잘못된 일을 두고 "그러면 그렇지. 이렇게 망할 줄 알았다니까"라고 말하는 것 역시 정말 위험합니다.

앞서 모델 친구들과 어울리며 몸매 자괴감에 빠졌던 '나'를 떠올려보세요. 친구들이 던진 평범한 말 한마디를 자의적으로 해석하고서

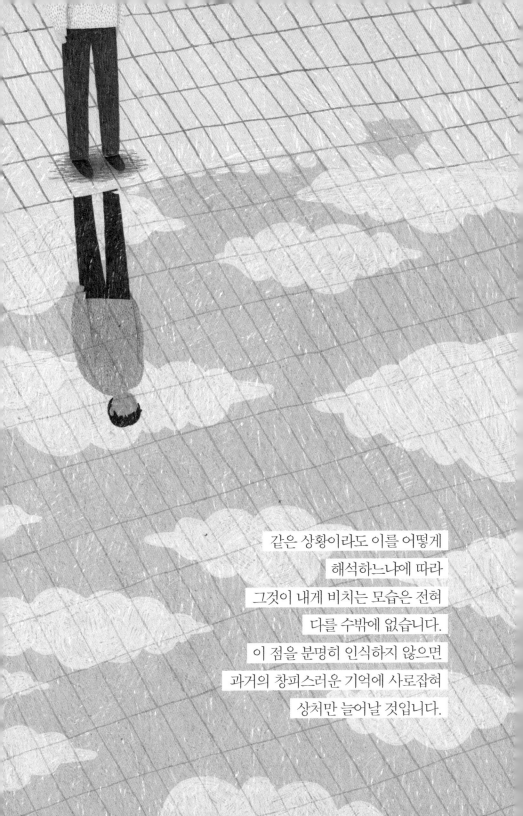

같은 상황이라도 이를 어떻게
해석하느냐에 따라
그것이 내게 비치는 모습은 전혀
다를 수밖에 없습니다.
이 점을 분명히 인식하지 않으면
과거의 창피스러운 기억에 사로잡혀
상처만 늘어날 것입니다.

'내 이럴 줄 알았어. 나는 원래 뚱뚱했던 사람이라 살도 금세 쪄'라고 생각합니다.

그런가 하면 중고등학교 때 운동선수로 활동하며 코치로부터 "너희들은 이제 공부로는 글렀으니 운동만이 살 길"이라는 말을 계속해서 들어온 사람이 있다고 해봅시다. 이후 부상을 당해 운동을 포기한 그는 전공을 바꾸게 됐고, 일반 직장에 들어가 자리를 잡았습니다. 그런데 직장상사가 "역시 자네는 운동선수 출신이어서 달라"라는 말을 자신에게 할 때마다 그는 '내가 운동선수 출신이라 머리가 나쁘다는 건가? 내가 일을 못하나?'라는 생각이 들어 자괴감에 빠졌습니다. 사실 그 상사는 "운동선수 출신이라 그런가, 근성이 대단해"라고 칭찬하는 것일 수도 있는데 말이죠.

같은 상황이라도 이를 어떻게 해석하느냐에 따라 그것이 내게 비치는 모습은 전혀 다를 수밖에 없습니다. 우리 머릿속에서는 이러한 인지 왜곡 현상이 거의 항상 일어나고 있습니다. 이 점을 분명히 인식하지 않으면, 과거의 창피스러운 기억에 사로잡혀 상처만 늘어날 것입니다.

예전에 중국의 한 고위 관료가 미국에서 영어로 연설을 한 적이 있었습니다. 그의 발음은 완벽하지 않았지만, 그의 영어 실력을 문제 삼는 이는 아무도 없었습니다. 오히려 미국에 대한 우호적인 제스처로 연설을 이어간 그에게 다들 칭찬 일색이었죠. 미국 사람들은 그의 말 한마디, 한마디를 놓치지 않기 위해 귀를 기울였으며, 간혹 못 알아듣는 말이 나올 때면 자신을 탓했습니다.

내가 어떤 사람으로 성장하느냐에 따라, 나의 약점은 더 이상 약점이 되지 않을 것입니다. 반면 현재 자랑스럽게 여기는 부분도 미래의 내 모습에 따라 수치스러운 부분이 될 수 있겠죠. 이 점을 꼭 기억하시기 바랍니다.

no.6　**"화를 내고 나면
내가 너무 싫어져요"**

자기가 쏜 분노의 화살에 맞아 아파하는 사람

"엄마 이게 다 뭐야? 또 뭘 사들인 거야?"

야근에 절은 힘든 몸을 이끌고 퇴근해보니 현관에 영문 모를 큰 상자가 떡하니 놓여 있다. 방금 배달 온 것 같은 물건이었다. 당황해서 허둥지둥하는 엄마를 보니, 보나마나 뻔하다. 범인은 또 엄마일 게 분명하다.

"아니, 너희 고모가 그러는데 이거 먹고 관절염이 훨씬 좋아졌대. 너희 아빠 요새 매일 무릎 아프다고 하니까."

"엄마! 내가 몇 번을 말해? 고모가 파는 거 완전 사이비라고! 지난번에 사들인 건 먹자마자 두드러기 나서 버렸잖아. 그 전에 산 건 반도 먹기 전에 상해버렸고."

나는 답답한 마음에 엄마를 계속 다그쳤다. 엄마는 쭈뼛거리며 작은 목소리로 계속 변명을 이어갔다.

"고모가 힘들다는데 그럼 어떻게 해. 나라도 팔아줘야지. 그리고 이건 지난번 것들이랑 차원이 다르대. 임상실험을 거쳐서 효과도 다 입증이 된 거래. 여기 봐. 인증 마크도 있잖아."

"이런 건 얼마든지 위조도 가능해. 아, 정말 고모한테 얼마를 더 당해야 정신을 차리겠어? 무식도 정도껏이어야지!"

오늘도 엄마에게 빽 소리를 질렀다. 바보 같은 엄마에게 치미는 분노를 제어할 길이 없었다. 나는 이 밤중에 어디를 가느냐는 엄마의 걱정스러운 말까지 무시한 채, 외투를 집어 들고 무작정 밖으로 뛰쳐나갔다. 찬 공기를 쐬니 기분이 그나마 좀 가라앉는 것 같았다.

'아무리 그래도 엄마인데, 무식하다고 한 건 좀 심했나?'

그제야 엄마에게 내뱉은 말들이 하나씩 떠올랐다. 생각해보면 엄마는 늘 피해자인데, 그런 엄마를 등쳐먹는 고모가 나쁜 사람인데, 엄마에게 너무 심하게 대한 것 같아 마음이 영 불편하다. 그렇다고 들어가서 사과를 하자니 겸연쩍은 일이다.

'아, 나는 왜 이렇게 화가 많은 거야. 분노조절장애인가……'

답답하고 민망하고 속상한 밤이었다.

···

누군가가 내게 화를 내면, 당연히 상처를 받습니다. 화를 낸 사람은 자신이 한 행동을 금세 잊어버립니다. 하지만 당한 사람은 평생 잊지 못하죠.

그런데 간혹 자기가 화를 내고도 당한 사람만큼이나 상처를 받는 분들이 있습니다. 화가 나면 우리의 동정심은 분노에 의해 마취가 됩니다. 그러다 보니 사랑하는 사람에게 화를 내는 것인데요. 화가 가라앉은 후 마취가 풀리면, 내가 그들에게 상처를 주었다는 생각에 마음이 더욱 아파옵니다.

앞의 사례는 성인 자녀가 부모에게 화를 내고 후회하는 이야기였습니다. 이런 경우는 사실 주변에서 매우 흔하게 목격됩니다. 그렇게 방문 요양 서비스를 받으라고 권했는데 이를 마다하고 굳이 혼자 목욕을 하시다가 욕실에서 다치는 부모님을 보면, 마음이 아프면서도 짜증을 내게 됩니다. 내가 그렇게 만류했는데도 엉뚱한 데 투자했다가 돈을 날렸다고 하는 부모님에게는 고운 말이 나갈 리가 없습니다. 그런데 그렇게 부모님께 화를 낸 뒤에는 오히려 시원한 게 아니라 미안한 마음만 커집니다.

흥미로운 것은 아이들 역시 부모에게 대들고 나서 죄책감을 많이 느끼고 이로 인해 상처를 받는다는 사실입니다. 사춘기 아이가 자기에게 대드는 모습을 보면, 부모는 아이가 생각 없이 군다고 여깁니다. 그런데 이 아이들을 상담하다 보면, 의외로 부모에게 말로 표현하지 못했을 뿐 그렇게 대든 것을 무척 후회하면서 자책하는 모습을 발견하게 됩니다. 한마디로 애나 어른이나, 부모에게 화내고 마음 편한 자식은 없는 셈입니다.

화를 낸 후 찾아오는 복잡한 감정들

화를 내는 것이 꼭 나쁜 일만은 아닙니다. 흔히 들 너무 참지 말고 적절히 화도 내야 마음이 건강해진다고 말합니다. 그런데 화라는 것이 참 어디로 튈지 모르는 것이어서 이를 잘 다루지 않으면, 상대는 물론 나 자신도 다치게 할 수 있습니다.

화를 내고 난 뒤에 시원하다는 느낌이 들기는커녕 오히려 발 뻗고 잠들지 못하는 사람은 여러 가지 복잡 미묘한 감정으로 괴로워합니다. 그중 대표적인 것이 '자괴감'입니다. '내가 왜 고작 이런 일로 화를 낸 걸까?' '내가 이 정도 사람밖에 안 되나?' 하는 생각에 스스로가 한심하게 느껴지는 것이죠.

사실 분노의 상당 부분은 '화풀이' 성격이 짙습니다. 대하기 어려운 상대에게 화풀이를 해본 적 있나요? 대부분은 쉬워 보이는 상대한테 하죠. 때로는 내게 스트레스를 주고 나를 화나게 하는 대상이 너무 강하거나 불편하기 때문에, 대신 만만한 다른 사람에게 화를 내기도 합니다. 실직이나 육아 문제 등 특정 상황으로 인해 화가 날 때에도 역시 만만한 상대에게 화를 풀게 됩니다. 그리고 이 만만한 상대는 십중팔구 내가 사랑하는 가족, 바로 그 사람들입니다. 어느 순간 이러한 메커니즘을 깨닫게 되면, 자기 자신이 그렇게 부끄러울 수가 없습니다. 그렇다고 익숙했던 화풀이 패턴이 중단되느냐, 그러긴 또 힘듭니다. 대신 그때부터는 누군가에게 화풀이를 할 때마다 스스로 비참한 기분에 빠지면서, 끊임없이 상처를 받게 됩니다.

그다음 감정은 '굴욕감'입니다. 이는 자신이 별것 아닌 자존심 때문에 화를 냈다는 자각이 들 때 슬며시 우리의 상처를 비집고 찾아오는 감정입니다. 자존심이 유독 강한 분들은 사람들이 자기를 제대로 대접하지 않는다는 생각이 들 때 화를 내고 상처를 받습니다. 어떻게 보면 자격지심이라고 할 수도 있겠네요. 때때로 상대는 전혀 의식하지 않는데, 나 혼자 상대와 나의 직업을 비교하고, 학벌을 비교하고, 성과를 비교하면서 상대에게 지기 싫어 허세를 부려보기도 합니다. 그러다 누군가가 나의 자존심을 조금이라도 건드리는 것 같은 말을 하면, 불같이 화를 냅니다. 시간이 흘러 질병이나 이혼, 사업 실패 등 인생의 어떤 커다란 고난을 겪다 보면, 마침내 자기가 쓸데없이 자존심만 센 인간이라는 깨달음에 도달하게 됩니다. 이때부터는 화를 내고도 곧 더럭 겁이 나고 굴욕감이 치밉니다. '지금 내가 자격지심 때문에 화를 낸 것 아닐까?'라고 되물으면서 말이죠.

　또 하나 우리를 아프게 하는 것은 '후회의 감정'입니다. 화를 낸 것 그 자체에 대해 잘못했다고 생각하진 않지만, 그로 인해 번번이 손해를 보게 되면 마침내 '조금만 더 참을 걸' 하는 후회가 밀려옵니다. 여자친구에게 화나는 일이 있어 먼저 전화를 확 끊었는데 이후 전화 연결이 안 될 때, 부모님께 "엄마 아빠가 나한테 해준 게 뭐야?"라고 소리를 질렀는데 용돈이 끊겼을 때, 갑자기 끼어든 매너 없는 차가 너무 얄미워 들이받았는데 내 과실만 백 퍼센트라고 할 때, 답답함은 하늘을 찌릅니다. 그런 일이 한두 번이 아니었다면, 나는 이미 어떤 결과가 펼쳐질지 알고 있었을 겁니다. 그럼에도 화를 누르지 못해 같은 실수를 반복했을 때 나를 짓누르는 깊은 후회의 감정은 그대로 또 다른 상처가 되고 맙니다.

분노의
속성을
이해하자

미국의 심리학자 폴 에크먼Paul Ekman은 동양인, 백인, 흑인, 오지 원주민 들의 표정을 조사한 적이 있습니다. 그에 따르면 인종, 국적과 관계없이 표정을 통해 드러난 인류의 기본 감정은 '분노' '공포' '놀라움' '기쁨' '혐오' '슬픔'이었다고 합니다. 무언가 좋은 일이 있어 놀랄 때는 기쁨과 놀라움이 합쳐진 감정이 드러납니다. 누군가로부터 갑자기 공격을 당하면, 분노와 놀라움이 합쳐진 감정이 드러납니다. 만약 나를 힘들게 하는 대상이 너무나 압도적이라면, 분노와 공포를 함께 느낍니다. 내가 지긋지긋하게 여기는 이가 나를 화나게 하면, 여기에 혐오가 더해집니다. 무언가에 실패하거나 좌절해 화가 나는 경우에는 슬픔이 더해집니다.

이 연구에서 드러난 분노의 첫 번째 특성은 바로 분노가 마음을 고통스럽게 하는 감정의 대부분을 매개하는 가장 강력한 감정이라는 점입니다. 이런 점에서 분노는 곧 본능이라고 볼 수 있습니다. 우리들은 나를 힘들게 하는 누군가에게 분노를 느낍니다. 부모는 말 안 듣는 자식 때문에 화가 나고, 자식은 자신을 이해하지 못하는 부모 때문에 화가 납니다. 때로는 불특정한 대상에게 화가 나기도 합니다. 언제부터인가 정치인과 재벌, 연예인은 국민들의 욕을 먹고사는 존재가 되어버렸죠. 그런가 하면 불행이 닥쳐도 화가 납니다. 천재지변으로 손해를 입으면 하늘이 원망스럽고, 기상청도 정부도 밉습니다.

또한 분노는 마음과 몸에 동시에 발생하는 현상이란 특성을 갖고 있습니다. 분노가 일어나면 뇌에서는 이와 관련된 신경전달물질의 수치가, 몸에서는 스트레스 호르몬의 수치가 각각 급격히 상승합니다. 화가 솟구칠 때 우리는 감정적으로도 흥분하지만, 동시에 얼굴이 후끈거리고, 가슴이 두근거리고, 숨이 가빠지고, 몸이 떨리는 등의 변화를 겪습니다. 그런 상황에서 누군가가 계속 나를 자극하면, 맞서 싸우게 됩니다. 심한 경우 욕을 하거나, 물건을 던지거나, 누군가에게 폭력을 행하기도 하죠. 상대방이 너무 강하다 싶을 때는 정신없이 달아나기도 합니다.

분노의 또 다른 특성은 판단을 마비시킨다는 것입니다. 이 점에 대해서는 특히 공감하는 분들이 많으실 거라 생각합니다. 일단 화가 나면, 이성을 잃기 때문에 내가 무슨 말을 했고 어떤 행동을 했는지 정확히 기억하지 못하는 분들도 상당히 많습니다. 평소의 나라면 절대하지 않았을 짓을 저지르기도 하고요.

가장 심각하다고 볼 수 있는 분노의 마지막 특성은 중독이 될 수 있다는 점인데요. 부부 상담을 하다 보면, 처음에는 사소한 짜증을 내는 정도의 행동이 심한 가정 폭력으로 번지는 경우를 종종 보게 됩니다.

만약 처음부터 상대가 심한 폭력을 휘둘렀다면, 애초 결혼을 하지도 않았을 겁니다. 그런데 불만이 짜증이 되고, 짜증이 욕설이 되고, 욕설이 물건을 던지는 공격적 행동이 되고, 공격적 행동이 손찌검이 되고, 손찌검이 심한 폭력이 됩니다. 점점 강도가 심해지는 것이죠. 이쯤 되면 화를 내는 당사자도 자기 행동을 어떻게 제어해야 할지 모르는 수준이 됩니다.

화를 내고 나서 스스로 상처를 받는 분들이라면, 우선 이런 분노의 속성에 대해 분명히 이해해야 합니다. 이미 나는 나의 분노가 스트레스를 해소시켜주는 긍정적인 역할을 하지 않는다는 걸 누구보다 잘 알고 있습니다. 그렇다면 이 분노를 멈춰야만 합니다.

그런데 이것이 마음만 먹는다고 바로 되는 일은 아니죠. 때문에 분노의 실체를 먼저 파악하고, 화가 치밀 때마다 '지금 내가 느끼는 감정은 사실 이런 거야'라고 떠올리는 연습을 해야 합니다. 분노가 가진 속성을 제대로 인지하고 있는 것만으로도 때로는 화를 가라앉히는 데 큰 도움이 됩니다.

마음의 불을 조절하기 위하여

그다음 해야 할 일은 화나는 상황 자체를 만들지 않는 일입니다. 나를 화나게 만드는 대상 혹은 내가 화풀이 대상으로 삼는 대상이 있다면, 되도록 그를 만나지 않는 게 좋습니다. 물론 직장 상사나 동료는 피하려야 피할 수 없겠죠. 그렇다 해도 마음만 먹으면 최대한 접촉 기회나 만나는 시간은 줄일 수 있을 겁니다. 또한 만나기만 하면 나를 미치게 만드는 친구나 동창, 가족이 있다면, 당분간 그들과 떨어져 지내는 게 상책입니다. 술이 들어가기만 하면 누군가와 싸우고, 나중에 술 깨고 나서 엄청 후회한다는 분들도 있습니다. 이런 분들은 술을 마시지 않는 게 최선이겠죠.

그다음 단계는 분노에 따른 공격적인 말과 행동을 중단하는 일입니다. 분노 자체를 줄이는 것은 무척 어려운 일이지만, 분노로 인해 촉발되는 말과 행동은 노력 여하에 따라 얼마든지 줄일 수 있습니다. 우리가 치과에 가서 치료를 받을 때 친절한 치과의사는 환자가 고통을 느끼는 듯하면, "오 분만 더 참으면 됩니다" "삼 분만 더 참으면 됩니다" "일 분만 더 참으면 됩니다"라고 말해줍니다. 물론 치료가 끝난 후 생각해보면, 마지막 일 분은 실제 일 분보다 더 길었던 것 같긴 합니다. 하지만 이제 조금만 더 참으면 고통이 사라진다고 생각하니 참을 만했던 것 같습니다.

화가 날 때도 마찬가지입니다. 화가 날 때는 이 감정이 영원할 것 같지만, 결코 그렇지 않다는 것을 우리는 잘 압니다. '일 분만 참아보자'로 시작하시되, 일 분 후에도 안 되겠으면 '삼 분만 더 참자' '오 분만 더 참자'로 시간을 늘려가 보세요. 장담컨대, 오 분이 넘어가도록 내 이성을 마비시키는 극단적인 상황은 많지 않습니다.

마지막으로, 분노가 에너지의 또 다른 형태라는 점을 잊지 않으셨 분노는 에너지의 또 다른 형태입니다.
건강한 분노를 많이 느끼고 때때로 표출하는 것은
인생을 더 나은 단계로 끌어올리는 데
충분한 에너지가 될 수 있으며,
나를 상처 주는 부정적인 분노를
자연스레 줄여주는 원동력이 됩니다.

으면 합니다. 화를 내고 난 후 자기 자신이 싫어지는 분들은 분노가 나쁘기만 한 것이라고 착각하기 쉽습니다. 하지만 분노를 좋은 방향으로 활용할 수 있다면, 부정적인 분노를 줄여가는 데도 큰 도움이 됩니다. 심리 치료를 받는 분들 중에는 무력감에 사로잡혀 스스로 할 수 있는 일이 없다고 여기고, 주변 사람들로부터 버림받을지 모른다는 두려움 때문에 분노를 억누르는 분들이 종종 있습니다. 이분들이 치료를 통해 정신적 성장을 이루게 되면, 서서히 억눌렀던 분노가 솟아납니다. 직장에서도 신입일 때는 아무것도 모르기 때문에 선배들이 시키는 것들을 무조건 하지만, 시간이 지나 어느 정도 일을 익히고 나면 선배들의 무리한 부탁에 화가 날 때가 있습니다. 이러한 분노는 모두 '성장에 따른 분노'로, 내가 무언가를 할 수 있는데 이에 대한 장애물이 놓여 있을 때 발생하는 감정입니다.

이런 건강한 분노를 많이 느끼고 때때로 표출하는 것은 인생을 더 나은 단계로 끌어올리는 데 충분한 에너지가 될 수 있습니다. 건강한 분노를 많이 느끼다 보면, 내게 상처 주는 부정적 분노는 자연스레 줄어들게 됩니다. 마음 그릇이 한층 커지기 때문이죠.

분노는 어떤 점에서 마음의 불이라 할 수 있습니다. 이 불이 너무 거세면 나를 태워버리지만, 이것을 잘 조절할 수 있다면 우리는 더 나은 나로 진화할 수 있는 것입니다.

no.7 **"이건 정말**
공평하지 않은 일이에요"

억울해서 미칠 것 같은 사람

아무리 생각해도 이건 부당하다 싶다. 내가 아무리 팀에서 막내라지만, 왜 내가 선배의 잡일까지 해야 하는 건지 당최 모르겠다.

"선배, 자기 일은 자기가 해야죠. 이 택배 작업은 선배가 하세요."

퉁명스러운 내 한마디에 좌중의 이목이 집중되었다. 당황한 선배는 더듬거리며 말했다.

"아…. 그래? 내가 오늘 좀 일이 많아서 부탁한 건데. 놔둬. 내가 이따가 할게."

자기도 찔리긴 찔리나 보다. 기왕 이렇게 된 거 못을 박아둬야겠다.

"저도 일 많아요. 앞으로도 선배 일은 저 안 시키셨으면 좋겠어요."

속이 다 시원하다. 마침내 정의를 쟁취했다는 생각에 나는 속으로 쾌재를 불렀다. 이때 부장이 잠깐 회의실에서 보자며 나를 불렀다.

"자네, 지금 사람들 다 있는 사무실에서 선배한테 무슨 짓인가?"

"네? 부장님, 저는 선배가 전부터 자꾸 잡일을 저한테 미루는 것 같아서 한마디 한 건데요."

"자네가 지금 팀에서 막내 아니야?"

"네, 맞습니다."

부장은 한심하다는 듯이 쯧쯧 혀를 찼다.

"직장생활 일 년도 안 해본 사람이 일을 가려? 선배가 시키는 일도 자네가 해야 할 일이야. 택배 물건 싸고 복사하고 퀵 보내고, 이런 잡일들 도맡아 해도 모자랄 연차라고. 자네 선배가 순한 사람이라 그 정도로 넘어갔지, 직장에서 이게 무슨 경우 없는 짓인가?"

나는 황당하고 억울한 마음에 눈물이 핑 돌 것만 같았다. 그래도 해야 할 말은 하고 싶었다.

"부장님, 저도 엄연히 제 몫의 일을 하고 있는데요. 선배나 저나 비슷한 일을 하고 있는데, 제가 선배 잡일까지 하는 건 좀 불공평한 것 같습니다."

"아니, 이 사람이! 보자보자 하니까, 사회생활을 무슨 껌으로 아네. 직장이 자기 하고 싶은 일만 하는 곳인 줄 알아? 그런 잡일들 차근차근 맡아가며 한 계단씩 오르는 게 직장이라고. 요즘 신입들은 사회생활 안 해본 티를 낸다더니, 이거 정말 심각하구먼. 자네, 앞으로도 그런 생각으로 회사 다닐 거면 당장 때려치워!"

기가 막혔다. 옳지 않은 걸 옳지 않다고 했을 뿐인데, 이런 말을 듣다니. 억울해 미칠 것 같다.

이야기를 나누다 보면, 유난히 자기 주위에 부당한 일이 많다고 토로하는 사람이 있습니다. 이들의 이야기는 잘 들어보면 구구절절 다 옳아요. 그래서 한두 번 이야기를 나눌 때는 전적으로 이들의 지지자가 될 수밖에 없습니다. 그런데 시간이 좀 흐르면 '이들의 눈에는 세상의 긍정적인 측면이란 당최 들어오지 않는구나' 하는 느낌을 받습니다. 이들은 오로지 사람의 나쁜 면, 세상의 부정적인 부분에만 관심을 가진 것처럼 보입니다. 그다음부터는 이들과의 대화가 무척 부담스럽고 피곤한 일이 되어버립니다. 상대의 이런 기색을 눈치 채고 나면, 이들은 그때부터 말을 아낍니다. 이는 곧 이들이 상처받았다는 신호입니다.

앞의 이야기에 등장하는 막내직원도 마찬가지입니다. 직장에 다니다 보면, 누군가는 잔심부름을 해야 합니다. 특히 이런 일은 막내들에게 많이 주어지는데, 같은 일을 두고도 누군가는 부당하다고 생각하고 누군가는 당연히 해야 할 일이라고 여깁니다. 이를 부당하게 여기는 사람은 억울함을 참지 못하고 결국 자기주장을 강력하게 피력합니다. 그러면서 스스로를 '불의를 보고 지나치지 않는 훌륭한 사람'이라고 자랑스러워하죠.

그런데 참 이상한 일입니다. 그런 나를 칭찬해주는 사람이 별로 없습니다. 처음에는 "너 참 용감하다"고 우러러보던 동료들도 어느 순간부터는 슬슬 나를 피합니다. 왜일까요? 매사 불평불만이 많은 나와 대화를 나누는 게 영 껄끄럽고 불편하기 때문입니다. 그렇게 점점 나의 지지자가 줄어들고 내가 아무리 불평을 쏟아내도 바뀌는 일이 없을 때, 억울함은 어느새 상처로 돌변합니다.

나는 왜 억울한 걸 참지 못할까

어렸을 때, 우리는 세상을 선과 악으로 나누어 보았습니다. 만화영화에서도 늘 착한 사람은 이기고, 나쁜 사람은 지잖아요. 하지만 청소년만 되어도 압니다, 권선징악이 꼭 세상의 진리는 아니라는 것을. 그런데 그러지 못하는 이들이 있습니다.

이분들은 자신이 부당하게 취급받았다는 생각에 무척이나 민감합니다. 연애를 하다 보면, 상대가 바람을 피운다든지 나에 대한 사랑이 식었다든지 하여 일방적으로 차이게 되는 경우가 있습니다. 억울하고 열 받고 답답해 미치죠. 가슴이 아프고 목이 메어 밥도 제대로 안 넘어갈 겁니다. 그러나 이런 일은 얼른 받아들이고 잊어버리는 것 외에 답이 없습니다.

그럼에도 유독 이 억울함 때문에 분통이 터져 과거에 오래 머무르는 분들이 있습니다. 처음에는 이 사연을 묵묵히 들어주며 위로해주던 친구들도 나중에는 그만 좀 하라며 귀찮아할 정도입니다. 문제는 그런 친구들까지 싸잡아 미워하면서 '세상에 순수한 사람은 나밖에 없고, 이런 나를 이해해주는 사람은 아무도 없다'며 자기 상처를 더욱 깊게 파는 경우입니다.

이런 분들은 결혼을 해도 크게 달라지지 않습니다. 결혼 전에 배우자와 가사 분담을 정확히 했더라도 결혼 후에 그것이 그대로 지켜지는 일은 극히 드물죠. 보통은 더 부지런하거나 덜 피곤한 사람이 더 많이 가사에 힘을 쏟게 됩니다. 그런데 억울한 걸 못 참는 분들은 어쩌다 배우자가 규칙을 깨뜨리면, 굉장히 분하게 생각합니다. 이분들에게는 '배려'보다 '정의'가 우선이기 때문입니다.

이런 분들의 특징 중 하나가 유독 직장상사와 자주 부딪친다는 것입니다. 이분들은 오히려 동료나 부하직원들에게는 너그러운 편입니다. 하지만 자기보다 강한 사람이 권리를 남용하는 것을 보면, 참지 못합니다. 즉 권위적인 대상을 견디지 못하는 것인데요. 대체로 이는 너무 엄격한 아버지 혹은 어머니에 대한 분노를 어릴 때부터 쌓아온 경우에 해당됩니다. 나를 체벌하고, 통제하고, 학대한 부모와 권위적인 직장상사를 동일시하는 것이죠.

이분들은 여기서 한 발 더 나아가 대기업이나 정부 같은, 보다 큰 권위의 대상에 대해서도 무척이나 엄격한 잣대를 들이댑니다. 세상을 부조리로 가득한, 고쳐야 할 것투성이인 곳으로 여깁니다. 다른 사람들 눈에는 이분들이 너무 냉소적이고 부정적으로 보입니다. 하지만 나는 내가 논리적이고 감정에 치우치지 않는 정의로운 사람이라고 생각합니다.

나의 정의가 모두의 정의는 아니다

앞서 말씀드린 것처럼 억울함에 민감한 사람은 유독 정의나 권선징악에 집착하는 편입니다. 스스로 '나는 불의를 보면 참지 못하는 사람'이라고 단정 짓곤 합니다.

그런데 과연 그게 맞을까요? 이분들은 가끔 보면 개인적인 불만을 사회적인 문제로 확대해석하는 오류를 범하는 경향이 있습니다. 예를 들어, 옆 차선의 차가 갑자기 앞으로 끼어들어 사고가 날 뻔한 경우 그 차를 추월해 위험하게 가로막으면서 항의를 하는 분들이 있습니다. 이분들은 자신이 피해를 입은 것은 둘째 치고, 앞으로 저런 놈 때문에 남들이 다치지 말란 법 없기 때문에 짚고 넘어가야 하는 것이라고 주장합니다.

그 차 운전자가 참 매너 없이 군 것은 사실이지만, 이 경우 남들이 보기에는 그 사람보다 내가 피해를 주고 있습니다. 나 때문에 차가 막혀 갈 길을 못 가게 됐으니까요. 위험하게 달리는 차를 가로막고 그 차 유리창을 야구 배트로 깨트리거나, 얌체 주차한 차량을 긁고 지나가는 분들도 이런 예에서 멀다고 할 수 없습니다. 이분들은 그런 행동을 하면서, 자신이 사회의 불의를 참고 넘기지 못하는 정의로운 인물이라고 스스로를 합리화합니다.

이분들은 또 공명심에 잘 넘어가는데요. 흔히 불의를 참지 못하는 분들은 다른 사람들이 상황을 잘 몰라서 참고 있는 거라고 추측하는 경향이 있습니다. 하지만 보통 내가 아는 것은 남들도 다 압니다. 내가 나설 수 있다면, 남들도 나설 수 있는 것이죠. 그저 드러내놓고 문제 제기를 했을 때 불이익을 받을 것이 두렵거나 싫어 누군가가 대신 나서주길 바랄 뿐입니다. 한마디로 고양이 목에 방울 달 사람을 찾고 있는 것입니다.

결국 정의감에 불타는 분들은 이런 보통 사람들의 부추김에 넘어가고 맙니다. 그런데 공명심에 빠지면, 판단력이 흐려지게 마련입니다. "너 같은 사람이 나서줘야지, 누가 앞장서겠어"라는 한마디에 내가 대단한 존재가 된 것 같은 느낌에 사로잡힙니다. 사람들이 모두 내 뜻대로 움직일 것 같고, 내가 말만 하면 부정한 관행이 곧 시정될 것 같습니다. 그러면서 이 행동으로 인해 내가 당할 불이익을 낮게 평가하게 됩니다.

그런데 민심이라는 게 참 간사한 구석이 있어서, 일이 잘 되어갈 것 같으면 사람들이 내 편에 서지만, 막상 잘 되지 않을 것 같으면 이런저런 핑계를 대면서 불리한 상황으로부터 발을 빼기 시작합니다. 나를 자연스럽게 외면해버립니다. 당연히 나는 이런 상황과 사람들에게 상처받습니다. 억울한 마음에 나에게서 등을 돌린 사람들을 비난해보기도 합니다.

하지만 불의를 외면한다고 해서 꼭 비난받아 마땅할까요? 불의를 보고 따졌던 것은 사실 내가 그렇게 하는 게 옳다고 여겼기 때문에 한 행동이었습니다. 남들은 그저 나와 '다른 선택'을 했을 뿐입니다. 나와 함께 불의 척결을 위해 나서줬다면 좋았겠지만, 그러지 않았던 것을 두고 잘못된 판단을 한 거라고 매도할 수는 없는 것입니다. 나의 정의가 꼭 모두의 정의는 아니기 때문입니다.

싸우거나 혹은 참거나

세상에는 누구의 잘못도 아니었으나 불행이 닥치는 경우도 있죠. 아무리 노력해도 재발을 막지 못하는 일도 있습니다. 하지만 정의감이 투철한 분들은 그런 불가항력, 우연, 불운을 인정하지 않고, 매사 문제의 원인(특히 문제의 원인을 제공한 사람)이 무엇인지 조목조목 따지고 듭니다. 그러다 보니 자신을 돌볼 여유가 없어요. 항상 내 앞에는 해결해야 할 문제들이 산적해 있습니다. 그렇게 정의가 승리하는 세상을 만들기 위해 노력하지만, 정작 알아주는 사람은 없고 나 자신은 행복하지 않습니다.

그러다 보니 나는 앞으로도 이런 일을 반복해서 당하게 될 것이며, 내가 아무리 노력해도 달라지는 일은 없을 것이고, 세상은 끝없이 나와 다른 사람들을 괴롭힐 것이라는 생각에 절망하면서 극단적인 결심을 하기도 합니다. 너무 억울한 마음에 자살을 떠올리기도 하고요. 세상을 파괴하고 싶어 하거나 타인을 죽이고 싶다는 생각까지 합니다. 층간 소음 문제 때문에 빈번하게 발생하는 살인사건이 먼 이야기가 아니라는 것이죠. 이 정도는 아니더라도 폭음, 폭식을 하거나 필요 없는 옷과 보석을 사거나 엉뚱한 사람에게 화풀이를 하는 경우는 무척

흔합니다.

이런 분들은 어떻게 해야 할까요? 싸우거나 혹은 참거나, 둘 중 하나입니다.

억울한 마음에 화도 나고 속상한데, 무조건 참는 건 능사가 아닙니다. 그러면 싸워야 할 텐데요. 그럴 경우 싸움의 목적을 분명히 해야 합니다. 이때 명심해야 할 것은 '내가 옳다는 것을 상대에게 인정받는 것'을 과감히 포기하고, '상대가 나를 건드리지 않게 하는 것'을 목적으로 삼으라는 것입니다. 상대는 나를 부당하게 대했다는 것을 거의 인식하지 못할뿐더러 그 점에 대해 공감하지도 못할 가능성이 큽니다. 아마 내가 그런 얘기를 꺼내면, '똥이 무서워서 피하나, 더러워서 피하지'라는 생각으로 심리적 방어를 할 것입니다. 아무리 내가 논리 정연하게 이야기를 한다 해도, 그로 인해 상대의 생각이 바뀔 리는 없습니다.

초점은 대화로 상대를 설득하는 게 아니라 힘의 균형추를 옮기는 데 있습니다. 상대가 '아, 쟤는 건드리면 피곤한 놈이구나' 하는 생각을 하게끔 만들라는 것입니다. 신체적, 금전적으로 받게 될 피해가 없다면, 상대가 나를 싫어하게 만들어도 상관없습니다. 두려워하지 마세요. 만일 내가 괜찮은 사람이라면, 이상한 사람 하나가 나를 욕하고 다닌다고 해서 내 평판이 떨어지지 않습니다.

두 번째는 참는 것인데요. 무작정 참으라는 이야기가 아니라, 과연 내가 부당하다고 느끼는 것이 실제로 얼마나 부당한 것인지를 정확히 알고 행동해야 한다는 것입니다. 계속해서 지적한 바와 같이 평소 본인이 불의를 유독 잘 참지 못하는 성격이란 생각이 드는 분들은 이런 부분에 대한 민감성이 남보다 많이 발달했거나 지나치게 부정적으로 세상을 보는 편일 수 있습니다.

앞서 선배의 잡일을 맡는 게 부당하다고 항의했던 막내 직원의 사례를 떠올려보세요. 이 사례를 여러 명에게 들려줬을 때 모두가 이 직원이 옳았다고 손을 들어줄까요? 그에게 공감하는 분들도 있겠지만, 사회생활을 어느 정도 한 분들은 그 선배의 행동이 당연한 것이라고 말할 수도 있습니다.

실제보다 자신이 불공평한 대우를 받는다고 과장되게 생각하는 이유는 '투사 projection'라는 심리 기제가 작용하기 때문입니다. 나의 부족한 점이나 잘못된 점을 인정하지 않고, 오로지 상대가 나를 부당하게 대한다고 여기는 것입니다.

그 부당함이 나의 지극히 주관적인 느낌인 것인지, 아니면 남들도 똑같이 갖는 느낌인 것인지를 알려면, 평소 나의 됨됨이에 대한 남들의 평가를 들어보면 됩니다. 만약 나에 대해 주변 사람들이 '공평무사하고 무던한 사람'이라고 평가하는데 유독 특정 관계에 있어서만 그런 억울한 일들이 반복된다면, 이는 내가 부당한 대우를 받는 것이 확실하므로 반드시 싸우셔야 합니다. 하지만 나에 대해 '부정적이고 예민한 사람'이라는 평가가 지배적이라면, 그때는 내 생각을 시정하고 억울한 마음이 들더라도 참아야 합니다.

세상의 모든 부조리한 것에 대해 문제를 제기하고 이를 바꿔가려고 노력하는 사람은 분명 멋집니다. 하지만 그럴수록 내 억울함이 커지고 상처가 많아진다면, 게다가 그런 나를 지지하는 사람도 별로 없다면, 내 생각이 잘못된 것일 수도 있음을 깨닫고 이를 바꿔나가야 합니다. 남의 생각에 귀를 기울이며 내 생각을 시정해나가는 사람 또한 멋진 사람입니다.

02/

왜
너는
상처를 줄까 ·····················

저는 우울증 치료를 "육 개월~일 년 정도 지나면 저절로 증상이 호전됩니다"라는 말로 시작합니다. 우울증이 나을 수 있다는 이야기를 듣는 것만으로 환자의 상태가 안정되기 때문입니다. 그리고 약효는 이 주~육 주 정도 지나야 나타난다는 사실도 강조합니다. 그렇지 않으면, 초반에 약을 끊는 분들이 계시기 때문이죠. 마지막으로 약효가 없더라도 일주일에 한 번 면담에 나와 저와 함께 노력하는 것만으로 큰 도움이 될 거라고 설명합니다. 이렇게 경과를 충분히 알게 된 분들은 아무리 우울증이 심해도 치료를 절대 포기하지 않습니다.

상처를 받을 때도 마찬가지입니다. 어떤 일을 알고 당하는 것과 모르고 당하는 것은 천지차이죠. 왜 그 사람이 내게 그런 상처를 주는지 그 심리를 아는 것만으로 내가 상황을 통제하고 있다는 느낌을 받을 수 있습니다. 또한 그 심리를 알았기 때문에 작은 상처 따윈 받는 일 없도록 대응하는 것도 가능해집니다.

우선 내게 상처 주는 이의 심리에 대한 나만의 가설을 만드는 것이 필요합니다. 그것이 틀린 가설이라면, 곧 다른 가설을 찾으면 됩니다. 너무 힘들어하지 마세요. 내게 상처 주는 이의 특성을 미리 아는 것만으로도 혼란의 상당 부분을 줄여갈 수 있으니까요.

no.1 "그 사람 목소리도
듣기 싫어요"

자랑하고 생색내고 조롱하고 무시하는 사람

아침 댓바람부터 시어머니가 찾아오셨다. 남편이 워낙 아침 먹는 걸 좋아하지 않아 식사 준비를 하지 않았던 나는 화들짝 놀랐다. 시어머니는 당신 아들에게 아침을 먹이지 않으면, 난리가 나는 줄 아는 분이었다.

"너 또 아침밥 안 차렸니? 내 이럴 줄 알았다. 우리 아드님은 아침 안 먹으면 힘을 못 쓴다고 내 몇 번을 말했니? 집에서 노는 애가 그 정도도 못 해줘?"

시어머니는 문을 들어서자마자 언성을 높이더니 당신이 바리바리 싸온 음식들을 순식간에 식탁 가득 펼쳐놓았다. '집에서 노는 애'라니. 프리랜서로 남편 못지않게 바쁜 나로서는 정말 억울하기 짝이 없는 말씀이었다.

"아드님~ 얼른 와서 아침 먹어요. 엄마가 김치찌개까지 보온병에 싸왔어요."

남편은 금세 안색이 어두워졌다. 언젠가 남편은 술을 잔뜩 마신 다음날 아침이면 토할 것 같은데도 억지로 밥을 먹이던 엄마가 대학 시절 내내 너무 싫었다고 말한 적이 있다. 나는 남편이 어제도 과음을 했는데 괜찮을까, 걱정이 앞섰다.

"어머님, 어제 이 이가 술을 좀 많이 먹어서 밥 생각이 없는 것 같아요."

"얘, 무슨 소리니! 그럴수록 속 버리지 않게 아침을 든든히 먹여야지. 얼른들 와서 앉아."

나와 남편은 마지못해 식탁에 앉았다. 남편은 겨우 숟가락을 들었지만, 금방이라도 자리를 박차고 나갈 것 같은 기색이었다.

"얘, 우리 아드님 잘 보필해야 해. 대기업 다니는 게 어디 쉬운 줄 아니? 이렇게 술자리가 많을수록 네가 아침을 꼬박꼬박 챙겨줘야지. 우리 아드님은 큰일 할 사람이라 어디 아프면 안 돼. 그러고 보니 요새 아침을 못 챙겨먹어 그런가, 얼굴이 많이 야윈 거 같은데…."

시어머니는 밥을 먹다 말고 당신 아들의 얼굴을 연신 어루만진다. 애틋해 미치겠다는 표정이다.

"너는 참 좋겠다, 얘. 우리 아드님 좀 봐라. 인물 좋지, 학벌 좋지, 성격 좋지, 직장 탄탄하지, 돈 많이 벌지. 넌 무슨 복을 타고나서 이런 남편을 만났나 몰라."

'저도 인물 안 빠지고, 남편이랑 같은 대학 나왔고, 어머님 같은 시어머니한테 성질도 안 내고, 집안 살림 하면서 돈도 남편만큼 벌어요'라는 말이 목구멍까지 기어 올라왔지만, 꾹 눌렀다.

"이런 남편 만났으면 업고 다녀도 모자랄 판에 어떻게 아침 하나 안 챙겨주니? 내가 어떻게 키운 아들인데. 게다가 내가 반찬까지 다 해주겠다, 상 차리는 게 그렇게 큰일이니?"

마음속으로 얼른 시어머니가 가시기만을 기도했다. 오늘도 소화제를 먹어야 할까 보다.

. . . .

자랑하고, 생색내고, 조롱하고, 무시하면서 상대에게 끊임없이 상처 주는 사람들은 공통적으로 비슷한 심리를 가지고 있습니다. 자신이 괜찮다는 것을 스스로 확인하고자 상대방을 심리적으로 이용하려는 것이죠.

자랑을 하는 사람은 남들이 부러워하는 것을 보면서 자신의 우월성을 확인하며 안심합니다. 생색을 내는 사람은 상대가 가지지 못한 것을 내가 건네어 상대를 고개 숙이게 만들었다는 사실을 기뻐합니다. 조롱하는 사람은 상대가 괴로워하고 힘들어하는 것을 보면서 자신이 누군가를 통제하고 있다고 느낍니다. 무시하는 사람은 남을 깎아내리는 만큼 자신이 올라간다고 생각합니다.

이런 고약한 심리는 모두 한통속이라 그런 걸까요. 대체로 자랑하는 사람이 생색도 많이 내고, 생색을 내는 사람이 남도 조롱하고, 남을 조롱하는 사람이 남을 무시하는 경우가 많습니다. 사실 그들의 내면은 열등감으로 가득합니다. 늘 자신감이 없기 때문에, 타인의 감정을 착취해서라도 살아가려는 것입니다.

상처 유발자들의 속마음

자랑을 늘어놓는 사람들은 왜 그러는 걸까요? 순진한 자랑쟁이들도 있긴 합니다. 자식 자랑하는 부모들이 가장 대표적입니다. 이분들은 자기 자식이 너무 자랑스럽다 보니 남들의 마음을 헤아릴 여유가 없습니다. 그런데 정작 그런 부모 때문에 가장 짜증이 나고 상처받는 사람은 다른 누구도 아닌 바로 자식입니다. 자식은 점점 커갈수록 나를 최고로 여기는 부모가 부끄럽고 민망합니다. 이런 부모가 시부모가 되면, 이제 상처는 아들을 넘어 며느리의 몫으로까지 확장됩니다. 앞서 살펴본 사례에서도 그 점이 느껴지셨죠?

모르고 상처 주는 자랑쟁이들 외에, 정말 악질적인 자랑쟁이는 오로지 자랑을 하고 싶어 남을 만납니다. 이들은 평소 먼저 무언가를 사는 법이 절대로 없습니다. 그러다 아무 이유 없이 밥을 사겠다고 하여 만나면, 처음에는 좀 다른 얘기를 하다 결국 자식이 의대에 들어가 등록금 대줄 일이 막막하다느니, 집값이 올라 세금 낼 게 걱정이라느니, 이번에 높은 자리로 부임을 해 술값이 많이 든다느니, 하는 이야기만 줄창 해댑니다. 어쩌라는 걸까요? 더구나 이들은 상대를 골라도 꼭 만만한 사람, 즉 자식이 수능을 못 봐 재수를 하게 됐다거나, 전세 값이 올라 눈앞이 캄캄하다거나, 승진 대상에서 누락되어 절망해 있다거나 하는 대상을 고릅니다. 상대방 처지는 아랑곳하지 않는 거죠.

이들이 과연 여러분에게만 연락을 하는 걸까요? 절대 그렇지 않습니다. 이들은 자랑하고 싶을 때만 주변 사람들에게 연락을 합니다. 하지만 다른 사람들은 이제 이들이 연락해도 더 이상 만나주지 않습니다. 오로지 착해빠진 여러분만이 이들을 만나주는 겁니다.

생색쟁이들은 어떤가요? 이들은 평소 자신이 해온 행동이나 저지른 잘못은 전혀 인식하지 못한 채, 자기가 상대에게 잘해준 딱 한 가지만 기억합니다. 최저 임금이 올라간 만큼만 어쩔 수 없이 월급을 올려주면서, 다른 회사는 임금 동결인데 자신은 마음이 약해 회사가 어려워도 월급을 올려주기로 했다는 사장이 딱 이런 부류죠. 공짜로 받은 물건을 친구에게 주고는 대단한 선물이라도 한 양 만날 때마다 강조하는 사람, 일평생 뼈 빠지게 집안 대소사를 챙겨온 며느리가 명절 전에 크게 다치자 "이번 명절엔 집에서 쉬어라"라고 이야기하곤 자기가 대단히 자애로운 시어머니라도 되는 양 떠들고 다니는 사람, 신혼 초반 아내 생일 때 딱 한 번 미역국을 끓여주고선 매년 이 사실을 우려먹는 사람 등 생색도 참 가지가지입니다. 이걸 당하는 사람은 복장이 터지지만, 대부분은 그냥 참고 넘기면서 작은 상처들을 쌓아둡니다. 마음이 약해 '그래도 나한테 잘해준 건 맞는데' 하는 생각을 하게 되는 것이죠.

한편 조롱쟁이들은 상대방의 약점 한 가지를 지속적으로 끈질기게 언급하며 놀려대는 편입니다. 가장 단순하게는 신체적 약점, 그러니까 몸무게나 키, 생김새를 가지고 놀립니다. 버릇이나 학벌, 옷차림, 말투(특히 사투리)로 놀리기도 합니다. 남들 앞에서 내가 한 번 넘어진 걸 가지고 그 장면이 얼마나 웃겼는지 두고두고 얘기하는 사람도 있죠. 이들은 상대가 싫어하는 눈치를 보여도 멈추지 않습니다. 참다 참다 화를 내면 "에이, 별것도 아닌 걸 가지고 왜 그래"라며 자기는 아무것도 모른다는 듯 선량한 모습을 보이기도 합니다. 그러나 당하는 이에게는 이것이 때때로 씻을 수 없는 상처가 됩니다. 문제는, 놀림받은 사람이 당황하고 난감해하면, 이들이 더 재미있어 한다는 겁니다. 자신이 던진 말 한마디에 상대가 반응하는 것을 보며, 내가 상대에게 강력한 영향력을 행사했다는 느낌에 사로잡힙니다. 이런 느낌에 기분이 좋아지면, 그다음부터 놀림의 강도가 점점 심해집니다.

조롱쟁이보다 더 나쁜 유형이 무시쟁이인데요. 이들은 다양한 양상을 띱니다.

먼저 본인이 무시당하며 살기 때문에 누군가를 무시해 심리적 보상을 받으려는 이들이 있습니다. 특히 자신의 체형, 남성다움, 경력 등에 대해 열등감이 있는 남성의 경우, 여자친구나 아내를 항상 무시합니다. 뚱뚱한 남자가 아내에게 "넌 여자가 몸매가 그게 뭐냐. 살 좀 빼"라고 면박을 주는 것도 이런 이유에서입니다. 간혹 겉으로 보기엔 콤플렉스가 없을 것 같은 사람이 이러는 경우도 있습니다. 이들의 경우 대체로 무시받고 멸시당한 과거가 있게 마련입니다. 자라면서 부모로부터 공부 잘하는 형제나 옆집 아이와 계속 비교당했던 경험이 있는 사람은 가까운 친구나 배우자를 무시하며 과거의 감정을 풀려고 합니다. 처음 한두 번은 작은 상처를 주는 데서 끝나지만, 이런 무시는 한두 번으로 끝나지 않기 때문에 심각한 겁니다. 나중에는 이들의 말이 진짜인 것 같아요. 왠지 내가 못나 보입니다.

시기와 질투심에 눈이 멀어 남을 무시하는 이들도 있습니다. 자신들이 현재 잘나간다면 자기 얘기를 할 텐데, 그럴 만한 게 없다 보니 자꾸 상대방 이야기만 꺼냅니다. 학창시절에는 인기 절정이던 여자가 성인이 되어 딱히 자리를 잡지 못하고 지지리 궁상으로 사는 처지가 됐습니다. 그녀가 동창회에 갔는데, 학창시절에 자기를 여왕처럼 받들며 따라다니던 친구가 유능한 커리어우먼이 되어 멋지게 등장한 겁니다. 얼마나 씁쓸할까요. 그녀는 친구의 흑역사를 자꾸 끄집어내는 것밖에 도리가 없습니다. 친구를 웃음거리로 만들면서 과거 자기가 잘나가던 때를 강조하고 싶은 겁니다. 그 친구는 과거가 별로 좋은 기억이 아닌데, 자꾸 자기 속을 긁는 그녀가 너무나 얄밉습니다.

대화로 풀어보려 하지 말 것

이들과 말로 붙어서 이길 생각은 애초 하지 않는 게 좋습니다. 대화로 푼다고 하면, 이들이 무조건 유리합니다. 이들은 스스로가 논리적이라고 생각하지만, 실은 원래 남의 말을 듣지 않는 부류입니다. 이들은 대개 누군가가 말을 할 때 말을 자르고 들어옵니다. 혹시 끝까지 이야기를 듣더라도 상대의 말을 이해하기 위해 듣는 것이 아니라, 허점을 찾아 내 말꼬리를 잡고 늘어지거나 자기가 할 이야기를 생각하기 위해 기다리는 것뿐입니다. 그렇게 내 이야기를 십 분 들었다고 치면, 이들은 한 시간 넘게 자기 이야기만 합니다. 듣다 듣다 너무 화가 나서 목소리라도 높일라치면, "너 지금 너무 흥분했어. 지금은 우리가 더 얘기해도 서로 감정적으로 반응하게 될 거야. 나중에 이야기하자"라고 하면서 일방적으로 자기 말만 하고 끝냅니다. 듣는 사람 입장에서는 마치 엄청나게 거대하고 높은 벽을 마주 대하는 느낌이겠죠.

차라리 이들에게는 '눈에는 눈, 이에는 이' 전략을 쓰는 게 더 현명합니다.

자꾸 속을 뒤집는 자랑을 늘어놓는 상대에게는 그에 뒤지지 않는 자기 자랑을 꺼내놓으세요. 앞의 에피소드에서 며느리에게 자기 아들 자랑을 하며 "인물 좋지, 학벌 좋지, 성격 좋지, 직장 탄탄하지, 돈 많이 벌지. 넌 무슨 복을 타고나서 이런 남편을 만났나 몰라"라고 하는 시어머니에게는 미처 꺼내지 못하고 속으로 삭인 그 말을 그대로 하는 겁니다. "그러게요. 저 사람도 매일 저한테 무슨 복으로 너 같은 와이프를 만났는지 모르겠다고 해요. 제가 얼굴도 되고, 몸매도 되고, 학벌도 좋잖아요? 거기에 애교 많지, 돈도 많이 벌지, 아주 이뻐 죽겠나 봐요."

이 말을 들은 시어머니가 뒤로 넘어갈 것 같으세요? 절대 아닙니다. 그냥 당황해서 아무 말 못 꺼내는 정도일 거예요. 그러면서 무의식중에 '아, 쟤가 그리 순둥이는 아니구나'라는 생각을 하게 될 겁니다. 그렇습니다. 핵심은 '내가 만만한 사람이 아니다'라는 걸 어떤 식으로든 드러내는 겁니다. 그 사실이 머릿속에 분명히 각인된 시어머니는 그다음부터 며느리 앞에서 아무 얘기나 막 꺼내지 못하게 됩니다.

생색을 내는 상대에게도 마찬가지입니다. 여러분이 잘해줬던 걸 가지고 똑같이 몇 번 강조해보세요. 자기가 안 쓰는 물건을 한 번 주고서 틈날 때마다 이야기하는 상대에게는 "아, 그거? 고마워. 잘 쓰고 있어. 말이 나왔으니 말인데, 지난번에 내가 네 생일에 사준 티셔츠는 왜 안 입고 다녀? 그거 되게 비싼 건데"라는 식으로 말입니다. 좀 치사하다는 생각이 들어도 당분간만 그렇게 해보세요. 그렇지 않으면, 상대는 여러분을 만만하게 보고 계속해서 같은 고문을 가해올 겁니다.

조롱하거나 무시하는 상대에게는 다른 사람들이 있을 때 좀 더 대놓고 이야기할 필요가 있습니다. 나에게 뚱뚱하다고 하는 상대에게 "너만 할까. 네 뱃살이나 빼고 얘기해"라고 한다거나, 나에게 멍청하다고 하는 상대에게 "너보다는 똑똑해"라고 맞대응하라는 것입니다. 타인을 조롱하고 무시하는 이들의 내면에는 꽤 깊은 열등감이 자리하고 있습니다. 때문에 이런 이야기를 듣게 되면, 겉으로는 부정할지 몰라도 속으로는 위축될 가능성이 큽니다. 그러면서 '저 사람에게 상처를 주면 나도 상처를 받게 될 것이다'라는 사실이 자연스럽게 입력됩

무엇을 두려워하세요?
나를 소중히 여기지 않는 사람과의
관계가 그렇게 중요한가요?
그들에게 인정받으려 하지 마세요.
대신 나를 아껴주고 사랑해주는
이들과의 관계를 소중히 여겨야 합니다.

니다. 그러고 나면 스스로 상처받는 것이 두려워 더 이상 내게 상처를 주지 않게 됩니다.

사실 이들의 공격에 이렇게 속 시원하게 응수하고 싶으면서도 '그렇게 했다가 관계가 나빠지면, 아니 끊어지면 어쩌지' 하는 마음에 입을 닫고 마는 분들이 많습니다. 무엇을 두려워하세요? 나를 소중히 여기지 않는 사람과의 관계가 그렇게 중요한가요? 그들에게 인정받으려 하지 마세요. 대신 나를 아껴주고 사랑해주는 이들과의 관계를 소중히 여겨야 합니다.

차라리 관계를 끊는 게 낫다

사실 자랑하고 생색내고 조롱하고 무시하는 사람들에게 한 방 먹이는 일은 생각보다 간단합니다. 위에서 말씀드렸다시피 똑같이 응수하면 되니까요. 하지만 여기에는 분명 나의 용기와 결단, 감정 소모가 뒤따르는 게 사실입니다. 때문에 이런 수고를 하면서까지 이들과의 관계를 이어갈 필요가 있을지에 대해 근본적으로 다시 생각해보는 것도 필요한 일입니다.

자랑하고 생색내고 조롱하고 무시하는 사람은 만나지 않는 게 최선입니다. '죽마고우'라는 말을 입에 달고 사는 사람이 있습니다. 이들은 사회에 나가선 진정한 친구를 사귀기가 힘들고, 학창시절 친구들이 좋다는 말을 입버릇처럼 합니다.

하지만 이는 성인이 되어 사회에 나온 후 의미 있는 인간관계를 만들지 못했다는 뜻이기도 합니다. 내가 계속 변화하고 성장해갈 때는 그에 상응하는 새로운 사람들이 내 인생에 자리하는 게 당연한 이치입니다. 그런데 미성숙한 사람들은 성인이 되기 이전의 인간관계에 집착하는 경향이 있습니다. 이들은 대체로 죽마고우를 놀리고 괴롭히는 맛에 모임에 나가곤 합니다. 자기가 짓궂은 장난을 치면, 주위 사람들이 재미있어하는 걸 즐깁니다. 내가 얼마나 힘들어하는지는 생각하지 않습니다.

이런 미성숙한 인간으로 인해 내가 지속적으로 상처를 받는 게 과연 합당한 일일까요? 그런데도 이 모임에 계속 나가시겠어요? 간혹 지금 나를 괴롭히는 그 대상이 예전에 내가 힘들 때 나를 많이 위로해주던 친구여서 도저히 끊을 수가 없다는 분들이 있습니다. 하지만 그때는 그때고, 지금은 지금입니다. 지금 그가 나를 불편하게 만든다는 사실이 중요한 겁니다. 그리고 당장 내 마음이 편한 게 가장 중요한 일입니다.

'내 인생의 주인공은 바로 나'라는 이야기들을 많이 하죠. 그 말에 공감한다면, 나를 괴롭히는 인생의 조연들을 과감히 바꿔나가야 합니다. 끊을 수 있는 관계는 과감하게 끊어내야 합니다. 조금 냉정한 이야기일 수도 있지만, 그 대상이 가족이라 해도 이 룰은 달라지지 않습니다. 영원히 보지 말라는 이야기가 아닙니다. 나의 상처가 어느 정도 아물었다는 생각이 들 때, 그때 다시 조심스럽게 만남을 재개해도 늦지 않다는 것입니다. 물론 그때 또다시 과거의 패턴이 반복된다면, 이제는 관계 자체를 이어갈 것인지 말 것인지에 대해 근본적인 결정을 내려야 할 것입니다.

'나의 인생'이란 영화에서 캐스팅은 전적으로 나의 몫입니다. 누굴 끼우고 누굴 뺄지는 여러분 손에 달렸다는 것입니다.

"그 사람과 함께 있으면
늘 손해를 봐요"

타인을 이용해 먹는 사람

"우리 모일 시간도 별로 없을 것 같은데, 각자 나눠서 준비하고 발표 전날에만 모여서 한번 최종 점검하는 거 어때?"

학기 시작과 동시에 조별 발표 과제가 부여됐다. 첫 과제이기도 하고, 리포트와 발표를 함께 해야 하는 것이어서 부담이 적지 않았다. 선뜻 갈피를 잡지 못하고 있을 때, 그 녀석이 나서서 상황을 정리해주었다. 후배들은 그 녀석 이야기에 전적으로 따를 기세였다.

"너는 참고자료 싹 다 읽어보고 정리해서 애 주고, 너는 그걸로 일차 자료를 만들어. 네가 그 자료를 보완해서 나한테 주면, 내가 최종적으로 점검하고 시청각 이미지 넣어서 파워포인트 자료 만들게. 아, 그리고 발표는 선배인 네가 하는 게 낫겠지?"

발표를 나한테 맡긴다라. 녀석이 어떤 타입인지 아는 나는 씁쓸하게 웃었다.

"좋아요. 그렇게 해요, 선배." "그래요, 그렇게 하면 되겠네."

모두들 만족스러운 듯이 웃으며 떠났다. 녀석은 나에게 어깨동무를 하며 "야, 좋지? 너는 그냥 다 만들어놓은 자료 가지고 발표만 하면 돼. 발표 전날까지 발 쭉 뻗고 있어"라고 생색을 낸다.

그리고 발표 하루 전날. 후배 중 하나가 다급한 목소리로 전화를 걸어왔다. 그 녀석과 연락이 안 된단다. 자기가 일차 자료를 싹 보완해서 그 녀석에게 메일로 넘기고 문자를 남겼는데, 메일 수신 확인도 안 되고 전화도 안 받는다는 것이다.

나는 길게 한숨을 내쉬며 "그 자료, 나한테 보내"라고 말했다. 보완까지 마친 자료라지만, 역시나 1학년들이 한 것이라 부족한 것투성이었다. 밤을 새워 겨우 자료를 완성하고, 파워포인트까지 만들었다. 이제 발표만 하면 끝이다.

비몽사몽인 나를 주축으로 발표 리허설을 하려고 조원들이 모였을 때, 거짓말처럼 그 녀석이 나타났다.

"선배! 어떻게 된 거예요? 어제 내가 계속 연락했는데, 왜 전화를 안 받아요?"

"미안. 나 친척분이 상을 당해서 갑자기 지방에 내려갔는데, 중간에 폰이 꺼져서 연락을 못 받았어."

"아 그러셨구나…."

상을 당했다는 말에 누가 무슨 싫은 소리를 하랴. 그 녀석은 짐짓 괜찮다는 듯이 나를 바라보며 큰 목소리로 말했다.

"네가 과제 최종 마무리했지? 미안하니까 발표는 내가 할게. 지금부터 연습하면 되나?"

그래, 이번에도 모든 공은 너의 차지겠지. 혹시나 했던 내가 역시나 바보였다.

....

사소한 일로 싸우고 상처받는 부부가 있습니다. 연애할 때는 찰떡 궁합이라고 생각했는데, 결혼해서 보니 상대가 그렇게 이기적으로 느껴질 수가 없어요. 둘 다 맞벌이라서 피곤한 건 매한가지인데, 밤에 일어나 우는 아이를 달래는 건 늘 아내입니다. 한번은 남편이 너무 얄미워서 아이가 울어도 안 일어나고 꾹 참았는데, 십 분이 지나고 이십 분이 지나도 남편이 일어나질 않습니다. 아내는 남편의 파렴치함에 치를 떱니다.

다음 날 저녁, 남편은 아내에게 바로 옆에 있는 리모컨 좀 집어달라고 합니다. 아내는 손이 있으면 네가 직접 하라고 쏘아붙입니다. 남편은 대체 자기가 뭘 잘못했기에 아내가 저렇게 표독스럽게 구는지 이해할 수가 없습니다.

이처럼 서로 사랑하는 부부도 때때로 '나만 손해 보며 사는 것 같은 느낌'을 받을 때가 있는데, 하물며 남과는 어떨까요. 특히 긴 시간 동안 특정한 인물이 나를 이용해왔고 그로 인해 내가 계속 손해를 보고 있다는 생각이 들면, 그 자괴감과 원망, 상처는 이루 말할 수 없이 깊어집니다.

이기적인 성격에도 레벨이 있다

본인 스스로는 아니라고 할지 모르지만, 무의식 중에라도 남을 이용해 이익을 얻으려는 사람들이 생각보다 꽤 많습니다. 눈에 보이는 부분, 즉 일이나 돈에 관한 문제에서 그러는 이들은 물론이고, 타인의 감정을 착취해 자기 감정을 다스리는 이들도 여기에 속한다고 볼 수 있죠. 이처럼 남을 이용해 먹길 좋아하는 이기적인 이들도 그 레벨은 제각각입니다.

그중 그나마 가장 귀여운(?) 축에 속하는 이들이 얌체족입니다. 이들은 자신에게 손해가 되는 일은 절대 하지 않으려고 하고, 오로지 이익이 되는 일만 하려고 합니다. 회사에서 일을 진행할 때도, 성과급이 주어지지 않거나 상사 눈에 띄지 않는 업무는 하지 않으려고 합니다. 어쩔 수 없이 일을 해야 할 경우에는 가장 쉬운 역할을 맡으면서 마치 자기가 가장 힘든 일을 하게 된 것처럼 호들갑을 떱니다.

얌체족이 가장 활개를 치는 경우는 앞의 에피소드에서 나타난 것처럼 대학 조별 과제와 같이 여럿이서 한 가지 프로젝트를 해야 할 때입니다. 처음에는 적극적으로 나설 것처럼 하더니, 결국 황당한 핑계를 대면서 이리저리 일을 미룹니다. 결국 가장 마음 약하고 순한 조원이 이들의 일까지 떠맡게 됩니다.

그다음 레벨은 철저히 자기중심적인 이들입니다. 이들은 자신이 원하는 일을 상대가 당연히, 그것도 최우선순위로 해줘야 한다고 믿습니다. 그러다 원하는 대로 되지 않으면, 즉시 상대에게 상처를 줍니다. 상대가 지쳐서 내 요구를 받아들일 때까지 들들 볶으며 상대의 시간, 에너지, 애정을 요구합니다. 절대 만족하는 법이 없고, 요구는 끝이 없습니다.

이들과 함께 있으면, 빚쟁이와 같이 있는 것 같은 느낌을 받습니다. 부모가 이런 성격이면 자식이 피곤할 것이고, 자식이 이런 성격이면 부모가 피곤할 겁니다. 이런 이들과 잘못 얽히면, 결국 나는 나 자신을 잃어버리게 됩니다.

마지막 레벨은 불도저처럼 무지막지하되, 충동적이지 않고 신중한 이들입니다. 만약 이들이 충동적인 성격이었다면, 범죄자가 되었을지도 모르겠습니다. 이들은 타인을 괴롭히고 짓밟으면서도 자신에게는 피해가 가지 않게끔 치밀하게 행동합니다. 즉, 누군가를 이용하되, 상대는 전혀 눈치 채지 못하게 그러나 집요하게 합니다. 이들은 말로 한 약속은 약속으로 여기지도 않습니다. 심지어 계약서까지 작성했어도 대수롭지 않게 말을 뒤집습니다. 대체 왜 그러는 거냐고 물으면 "어쩔 수 없었어"라고 말하지만, 마음속으로는 '그래서 뭘 어쨌다고'라고 생각합니다.

이들은 애초 내가 마음 아파한다는 것에 관심도, 죄책감도 없습니다. 따라서 이들의 마음에 호소해봤자 아무런 소용이 없습니다. 다만, 나에게 힘이 있다면, 이들의 태도는 삽시간에 바뀝니다. 이들은 나에게 힘이 없다는 판단이 설 때에만 나를 이용해 먹는, 신중한 족속이기 때문입니다.

아주
단순하게
행동하라

이렇게 남을 이용하는 이들을 대할 때는 복잡하게 생각할 필요가 없습니다. 무조건 단순하게 생각해야 합니다. 복잡한 계획에는 너무 많은 돌발 변수가 동반되기 때문입니다. 나의 저항 의지를 명확하게 보이려면, 내가 어떤 반응을 보일지 상대가 예상할 수 있도록 해야 합니다. 게다가 단순 명료한 것이 장기적으로는 훨씬 유리합니다. 쓸모없는 노력과 시간도 아껴줘, 오로지 상대가 나를 이용하지 못하게 한다는 목표에 보다 집중할 수 있게 해주죠.

이때 주의해야 할 점은 '보복'에 중점을 두면 안 된다는 것입니다. 누가 나를 이용해 먹었다는 생각이 들면, 너무 화가 나서 그대로 갚아주고 싶다는 생각이 드는 게 당연합니다. 하지만 이런 부류의 사람들에게 그렇게 행동하면, 연쇄적으로 상호 보복이 이루어질 수 있습니다. 잘못하다가는 서로가 서로에게 무례를 저지르면서 결과가 최악으로 흘러갈지도 모릅니다.

이때는 어느 한쪽의 참을성이 필요합니다. 내가 한 번 참았다고 억울해할 필요 없어요. 내가 한 번 참는 것이 그에게도 나에게도 이익이 될 수 있거든요. 다만 상대방이 지속적으로 나를 이용하려 하는 것 같다면, 그때는 단호함을 보여주어야 합니다.

간단합니다. '내가 할 수 있는 것은 해주되, 그것에 대해 상대가 확실히 인지하게 만들 것.' 이것이 기본 원칙입니다. 이 원칙대로만 행동하세요.

앞서 조 발표 때 자기 몫의 일을 제대로 해내지 않아 다른 조원들은 물론 내게 막대한 피해를 끼친 동기의 경우, 어떻게 처리해야 할까요? 우선은 내가 그 동기 몫의 일까지 다 해냈습니다. 내가 할 수 있는 일을 한 거죠. 그다음 그 동기는 얌체처럼 나타나 발표는 자기가 하겠다며, 노력의 결실을 독차지하려고 합니다. 하지만 애초 발표는 나의 몫이었습니다. 원칙대로 발표는 내가 하겠다고 해야 합니다. 그리고 부득이한 이유로 조 과제에서 그 친구는 제 몫을 해내지 못했으니, 조원 명단에서 빼고 따로 교수님께 사정을 말씀드린 후 과제를 대체하게끔 조치해야 하죠.

합리적이고 원칙적으로 대안을 제시했을 때, 얌체족들이 할 수 있는 일이라곤 "에이, 친구끼리 왜 이래" "그러지 말고 이번 한 번만 좀"이라고 말하며 구차하게 매달리는 것뿐입니다. 설령 못 이기는 척 그 동기를 조원 명단에 올리는 것으로 결론을 낸다 해도, 그것이 정당하다거나 당연한 것이 되게 해선 안 됩니다. 동기가 간절히 부탁을 했고 그것을 내가 통 크게 받아들여준 것으로 상황을 확실히 매듭지어, 그가 앞으로 비슷한 상황이 왔을 때 내 눈치를 보도록 만들어야 한다는 것이죠.

철저히 자기중심적인 이들이나 불도저처럼 무지막지한 유형이라면, 사실 어떻게 해줘도 결말은 좋지 않은 편입니다. 그들이 원하는 대로 '이용당해'주면, 그런 일은 두 번, 세 번으로 이어지고 맙니다. 단호히 거절한다 해도 그들은 어떻게 해서든 나를 괴롭히고 상처를 줄 것입니다. 한마디로 이런 부류들과는 얽히면 얽힐수록 손해입니다. 그렇기 때문에 가능하면 이런 부류들은 가까이하지 않는 게 최선입니다.

그러나 세상 일이 내 생각대로만 흘러가지는 않습니다. 이들과의 관계를 피할 수 없다면, 전략은 '무관심'입니다. 이들이 내게 무슨 말을 하든 무슨 부탁을 하든, 무표정한 얼굴로 건조하게 이야기하세요. '나는 당신에게 관심이 없으며, 당신이 내게 무슨 부탁을 하든 들어주지 않겠다'라는 메시지가 전달되도록 행동하세요. 대상이 상사라 해도 내가 그리 호락호락하지 않으며 만만한 상대가 아니라는 점을 주지시키는 것이 중요합니다.

사람은 사회적 동물이어서 누구나 최소한의 눈치는 보고 살게 마련입니다. 내가 늘 상냥하고 착하게 사람들을 대해왔다면, 사람들은 나를 좋은 사람으로 여기긴 하겠으나 내게 무슨 말을 할 때 특별히 내 눈치를 살피지는 않을 겁니다. 하지만 표정이 무뚝뚝해지고 목소리가 가라앉으면, 직감적으로 '아, 저 친구가 지금 기분이 안 좋구나' 혹은 '내가 쟤한테 뭘 잘못했나?' 하는 생각을 하며 내게 하는 말과 행동을 조심하게 됩니다. 때로는 대놓고 화를 내거나 직설적으로 거절의 말을 하지 않더라도, 이런 행동을 하는 것만으로 나에 대한 상대의 태도를 교정하는 데 큰 도움이 됩니다.

내게 가장 이득이 되는 마음가짐

나를 이용해 먹으려는 이들을 대할 때마다 짜증이 나는 이유 중 하나는 늘 그들이 가장 큰 이익을 얻는 것 같아서입니다. 자기는 편한 것만 골라 하고 내게는 힘든 것만 맡기는 그 인간들이 앞으로도 계속 잘살 것만 같습니다. 그게 돈이 되었건, 권리가 되었건, 자리가 되었건, 그가 얻어가는 만큼 나는 무언가를 계속해서 빼앗기는 셈입니다.

이렇게 자기 잇속만 차리는 사람들의 경우 영원히 그렇게 꾀를 내가며 잘살 것 같지만, 길게 보면 결코 그렇지 않습니다. 남들을 수시로 이용해 먹는 사람들은 필연적으로 사람과의 갈등이나 충돌이 많다 보니, 스트레스를 받는 것은 물론이고 이런저런 감정 소모가 클 수밖에 없습니다. 만약 타인과의 갈등에 소모되는 에너지를 또 다른 일에 투자했다면, 아마 그는 훨씬 더 크게 성공했을 수도 있습니다. 더군다나 만만한 사람을 이용 대상으로 삼는 그 태도 때문에, 그는 장기적이고 단단한 인간관계를 갖기가 어렵습니다. 사람들이 그를 경계하고, 기회만 되면 관계를 끊으려 할 테니까요.

특히 직장생활을 하다 보면, 이런 밉상들이 어느 부서에나 한두 명쯤 꼭 있게 마련인데요. 처음에는 머리를 잘 굴려 승승장구할지 모르지만, 시간이 갈수록 본색이 드러나면서 좋지 않은 소문이 나게 될 겁니다. 누가 이런 사람들을 좋아할까요? 내가 싫어하는 사람은 대개 남도 싫어하게 마련입니다.

어떻게 보면, 이런 사람들은 좀 불쌍하기까지 합니다. 그렇게 항상 남을 이용해 먹으려고 드는 당사자는 과연 행복할까요? 그렇지 않습니다. 이들도 상처받습니다. 우선 절대 내가 손해를 봐선 안 된다는 생각에 이들은 머리가 탈 지경일 겁니다. 사소한 이익까지 모두 계산해가며 움직여야 하기에 머릿속이 정말 복잡할 테니까요. 게다가 자기가 그런 부류이니 남들도 그럴 거라 생각해 타인을 쉽사리 믿지 못할 겁니다. 이는 누군가와 아무런 계산 없이 즐거운 시간을 보내기 어렵다는 뜻이기도 합니다. 진정한 친구는 꿈도 꾸지 못하죠.

물론 이들도 처음 만난 사람이 자신에게 이득이 되겠다 싶으면, 억지로 좋은 인상을 주고자 배려를 하면서 노력할 수도 있습니다. 하지만 십 년, 이십 년 이기적인 생활을 해온 사람은 태도와 표정, 몸짓을 숨길 수가 없습니다. 그런 짓을 오래 하다 보면, 냄새가 풍기게 마련인 것이죠. 결국 이 관계도 그리 오래가지 못합니다. 그러니 이들은 얼마나 외로울까요. 나를 싫어하는 사람들로 가득한 이 세상은 그야말로 지옥일 겁니다.

반면 좋은 사람 주위에는 좋은 사람이 모이게 마련입니다. 손해를 보면, 당연히 기분도 나쁘고 스트레스도 받습니다. 하지만 사실 그것도 한순간입니다. 별것 아닌 일로 넘기고 다른 데서 즐거움을 찾다 보면, 불쾌함은 금세 사라집니다.

'까짓것 손해 좀 보면 어때. 나는 그 사람이 못 가진 좋은 친구들이 곁에 있는데. 그 정도 일은 내게 타격이 되지 않아'라는 마음가짐이야말로 그런 인간들로부터 받은 작은 상처를 깨끗이 치유하는 데 가장 필요한 약입니다. 아무리 그래도 그에게 이용당한 분이 풀리지 않는 다면, '그 정도 손해를 보고 억울해서 잠도 못 자는 삶을 사느니, 그냥 손해 조금 보고 그 시간에 내게 더 생산적인 일을 하는 게 백 번 낫다' 라고 생각해보셨으면 합니다. 궁극적으로는 이것이 내게 가장 이득이 되는 마음가짐입니다.

no.3 "그 사람의 의심,
이제 지긋지긋해요"

믿지 못하고 자꾸 확인하려 드는 사람

"엄마, 나 배 아파. 계속 설사가 나와."

"너 밖에서 뭐 먹고 왔어? 또 불량식품 먹었지?"

이럴 줄 알았다. 아무리 아파도 참고 말하지 않는 건데, 엄마한테 이야기한 내가 바보다.

"아니야, 밖에서 아무것도 안 먹었어. 저녁 먹은 다음부터 이래."

"그럴 리가 있어? 된장찌개 먹고 무슨 배가 아파. 학교 끝나고 오는 길에 이상한 거 먹고 와서 그러겠지."

엄마는 내 말을 믿어주지 않는다. 진짠데, 나 정말 아무것도 안 먹고 바로 집에 왔는데.

"아니, 너 요즘 덥다고 친구들이랑 매일 아이스크림 사 먹고 다니지? 그러니까 배가 아프지!"

"엄마, 그게 아니고……. 아, 몰라. 그냥 배가 너무 아파."

"꾀병 좀 그만 부려. 왜 이리 엄살이야? 그러게 엄마가 여름이라고 너무 찬 거 많이 먹으면 안 된다고 했잖아. 잘 때 배도 꼭 덮고 자라고 했고. 하여튼 너 이렇게 엄마 말 안 들으니까 배가 아픈 거야."

내가 아프다고 하거나 말거나 엄마는 계속 잔소리를 해대며 비상약을 꺼낸다.

"이거나 얼른 먹어."

약을 먹고 한참이 지나도 계속 배가 아팠다.

"엄마, 나 배가 계속 아파."

"아휴. 대체 넌 왜 그렇게 속을 썩이니."

결국 응급실에 갔다. 그리고 이런저런 검사를 했다.

"바이러스성 장염입니다."

"네? 어쩌다 그런 게 걸린 건가요? 애가 밖에서 불량식품을 먹고 돌아다녀서 그런 거죠?"

엄마는 나를 흘겨보며 의사 선생님에게 이야기를 했다. 나는 너무 억울했다.

"선생님, 아니에요. 저 요즘 그런 거 먹은 적 없어요."

"바이러스성 장염은 대체로 불량식품에 의한 식중독과는 관련이 없습니다. 아마 집이나 학교에서 식사를 하다 걸렸을 거예요. 어머님도 식사 준비하시면서 위생에 각별히 신경 쓰셔야 해요."

"아, 네…."

엄마는 그때서야 나를 구박하는 걸 멈췄다. 나는 몸은 아팠지만, 기분은 진짜 통쾌했다.

간혹 어머니들 중에 아이가 아프다고 하면 이것을 꾀병이라고 생각하거나, 본인이 병의 원인을 지레짐작하여 아이를 타박하는 분들이 있습니다. 물론 이런 어머니들이 처음부터 그러는 것은 아닙니다. 아이가 아프다고 해서 병원에 데리고 갔는데, 의사가 아이에게 이상이 없다고 하는 일이 몇 번 반복되면 그렇게 되는 것이죠.

그런데 아이 몸에 실질적인 이상이 없다고 해서 그것이 꼭 꾀병을 의미하는 것은 아닙니다. 신체 통증과 관련해 실제로 몸의 이상을 느끼는데 막상 검사를 해보면 아무 이상이 없는 경우, 이를 '신체형장애 somatoform disorder'라고 합니다. 여기에는 심리적인 요인이 크게 작용합니다. 이 정도는 아니더라도 시험이나 발표를 앞두고 꼭 화장실에 가야 하는 아이들도 같은 경우에 속한다고 보시면 됩니다.

아이들은 마음이 미성숙한 상태이기 때문에, 마음이 아픈 상황에서 이도 저도 할 수 없을 때 몸이 아픈 것으로 증상이 나타날 수 있습니다. 따라서 이런 아이들을 꾀병 부린다고 몰고 가선 안 됩니다. 그렇게 자기가 아픈데도 꾀병이라는 의심을 받으면, 아이는 마음이 찢어집니다.

게다가 이렇게 아이를 몰아붙이는 어머니들은 보통 아이 스스로 자기가 꾀병이라는 점을 인정하도록 종용하곤 합니다. 나의 아픔을 이해받기는커녕 꾀병이라는 오명을 인정해야 하는 아이는 두고두고 상처를 받습니다.

간혹 어린 시절 이런 경험을 반복적으로 했던 사람들 중에는 커서도 이 일들을 잊지 못하고, 누군가 자신을 의심하는 듯한 느낌을 받으면 과민반응을 보이게 됩니다. '저 사람이 나를 의심하는 게 아닐까' 하는 의심을 품게 되는 것입니다.

모든 의심은 상처가 된다

흔히 내가 무언가 잘못을 저질러 의심을 받을 때, 처음에는 이를 당연한 일로 받아들여야 한다고 생각합니다. 그러나 과거에 한 번 잘못을 저지른 걸 가지고 계속해서 의심받을 때는 억울한 마음이 들게 마련입니다.

알코올 중독자들이 제일 억울할 때가 술을 마셨다고 의심받을 때입니다. 열심히 일하다 시간이 늦어졌는데 어디서 몰래 술 마시고 있는 것 아니냐는 가족들의 전화를 받았을 때, 이분들은 좌절감에 휩싸입니다. 회사에서 기분 좋은 일이 있어 퇴근 후 평소보다 말을 좀 더 많이 했는데 가족들이 혹시 오늘 술 마신 것 아니냐고 할 때는 '차라리 그냥 술을 마시고 말까' 하는 충동적인 생각마저 듭니다.

가족들 입장에서는 나의 잘못을 쉽사리 잊기 어렵습니다. 개개인의 성향에 따라 다르겠지만, 아마 평생 나를 감시의 눈길로 바라볼 수도 있을 것입니다. 그러면서 내가 잘못을 저지른 게 있으니, 이 정도 의심은 당연히 감내해야 할 것이라고 여깁니다.

그러나 내 입장에서는 내가 잘못을 했건 하지 않았건, 사랑하는 가족들이 나를 믿지 못한다는 사실만으로 상처가 됩니다. 남들이 뭐라고 손가락질을 하든 간에 늘 나를 믿고 옆에서 내 편이 되어줘야 하는 존재가 가족이라고 생각하기 때문이죠. 내게는 가족들이 나를 믿지 못한다는 사실이 곧 '나를 가족 구성원으로 인정하지 않는다'는 의미로 여겨집니다.

의심받을 만한 일을 저질렀던 사람조차 이런 상황을 쉽사리 받아들이지 못하고 괴로워하는데, 근거 없이 의심받을 때는 더 미칠 것 같습니다. 의심까지는 아니더라도 자꾸 확인하려 드는 사람들이 있는데요. 가장 대표적인 분들이 부모입니다.

어린아이를 둔 부모들은 아이가 자기 방 안에서 무엇을 하는지, 혹시 공부는 안 하고 딴짓을 하는 건 아닌지 궁금해 계속해서 아이 방 문을 열어보며 수시로 확인을 합니다. 확인은 어김없이 "공부는 안 하고 대체 뭐하는 거냐" "제발 방 좀 어지르지 말아라" 하는 잔소리로 이어집니다. 이런 부모는 자녀가 성인이 되어도 믿지 못합니다. 통금 시간을 만들어 밤늦게 돌아다니지 못하게 하죠. 자식이 아르바이트를 해서 어학연수를 가겠다고 해도 "네가 혼자 외국에 나가서 어떻게 생활하느냐"며 반대합니다. 회사를 그만두고 작은 가게를 열겠다고 해도 "네가 장사할 위인이 되느냐"며 극구 말립니다. 서른 살이 훌쩍 넘은 자녀의 월급 통장을 본인이 계속 관리해야 한다고 우기는 부모도 많습니다.

이런 사람이 직장에 가면, 부하직원을 끈질기게 괴롭힙니다. 일을 맡겨놓았으면 기한이 될 때까지 믿고 기다려줘야 하는데, 계속 "내가 시킨 그 일은 어떻게 하고 있느냐" "언제쯤 마무리되느냐"를 묻는 것입니다. 정해진 날짜 안에 끝내지 못할까 봐 그야말로 안절부절못합니다. 이런 상사에게는 "그렇게 나를 못 믿겠으면, 그냥 당신이 해!"라고 쏘아붙이고 싶습니다. 그러다 '내가 그렇게 못 믿을 사람으로 보이나. 내가 일을 그렇게 못하나?' 하는 자괴감마저 듭니다.

모든 의심은 상처가 됩니다. 심지어 상대가 제정신이 아닌 상태라 해도 속상하기는 매한가지입니다. 치매인 시어머니가 아무 이유 없이 자신을 의심할 때, 며느리의 작은 상처는 켜켜이 쌓여갑니다. 시어머니의 의심은 주로 돈과 관련된 내용이 많습니다. 누가 자기 돈을 훔쳐갈까 봐 두려워하는 치매 어르신들은 돈을 꼭꼭 숨겨놓고는 정작 자기가 어디에 돈을 감춰놨는지 기억을 못 합니다. 때때로 자기가 돈을 감춰놨다는 사실 자체를 잊어버리기도 합니다. 그러고는 오래 같이 산 배우자나 자식들은 의심하지 않고, 며느리가 돈을 가져갔다고 의심합니다.

물론 시어머니가 치매에 걸리셨기 때문에 저런 모진 말을 하고 나를 의심한다는 걸, 며느리는 누구보다 잘 압니다. 그러나 주위 사람들이 위로한답시고 해주는 "어머니가 아프셔서 그러는 거니까 네가 이해해야지, 어쩌겠니"라는 말이 그렇게 서운하고 상처가 될 수 없습니다. 인간은 본질적으로 누군가에게 믿음을 얻지 못할 때, 자기 존재가 무너지는 듯한 느낌을 받는 약한 동물이기 때문입니다.

모든 의심은 상처가 됩니다.
인간은 본질적으로 누군가에게
믿음을 얻지 못할 때,
자기 존재가 무너지는 듯한 느낌을 받는
약한 동물이기 때문입니다.

**의처증과
의부증에
숨은 심리**

의심이 한 사람에게 계속 집중되는 대표적인 경우가, 여러분도 잘 아시는 '의처증' 그리고 '의부증'입니다. 얼핏 생각하면 이 증상의 원인은 의심 그 자체인 것만 같습니다. 그러나 이들이 상대방의 일거수일투족을 의심하는 데는 다 이유가 있습니다. 바로 자기 뜻대로 상대방을 통제하려고 하는 것이죠. 한마디로 이들에게 의심은 통제를 위한 가장 편리한 도구인 셈입니다.

어떤 남편은 아내가 어떤 옷을 입어야 하는지, 언제 외출했다가 언제 들어와야 하는지 등을 일일이 정해주며 간섭합니다. 이런 남편은 아내를 독점하고 싶어 합니다. 남녀를 불문하고 누군가가 아내와 가까이 지내는 것이 싫습니다. 아내가 모임에 나간다고 하면, 그 모임이 어떤 성격인지, 왜 꼭 나가야 하는지, 어떤 사람들이 나오는지를 꼬치꼬치 물으며 "꼭 가야겠느냐"를 몇 번씩 묻습니다. 마지못해 나갔다 오라고 하면서도 소위 통행금지 시간을 정해주고는 그 시간 안에 무조건 들어오라고 명령합니다. 심지어 아내가 친정에 가는 것조차 싫어합니다. 아내의 친정식구들을 이상한 사람으로 취급하면서 그들과 만나는 것을 금지해버립니다.

남편의 통제로 인해 아내는 주변 사람들과 점점 멀어지고, 결국에는 고립되고 맙니다. 아내가 고립될수록 남편은 아내를 통제하기가 쉬워집니다. 이런 남편은 아내의 이메일, 통화내역, 문자메시지를 몰래 확인하는 것은 기본이고, 아이들에게도 수시로 엄마에 대해 이것저것 물어봅니다.

의처증이 심할 경우, 남편은 아무런 근거 없이 아내가 바람을 피우고 있다고 의심하면서 실체 없는 상대를 미친 듯이 질투합니다. 남편은 세상 여자들이 모두 남자들과 잘 생각만 한다면서 아내를 포함한 여자들 전부를 싸잡아 매도합니다. 그런 더러운 말을 들을 때마다 아내의 마음은 갈가리 찢어집니다. 상처받고, 더럽혀지고, 버림받은 듯한 기분에 휩싸이죠.

하지만 의처증 남편으로부터 벗어나기란 쉽지 않습니다. 남편이 너무나 철저하게 아내를 감시하기 때문에, 도움받을 사람이나 집단을 접할 기회를 찾을 수 없기 때문입니다. 남편이 아내를 전적으로 고립시킨 경우, 아내는 스스로의 힘만으로 그 상황에서 벗어날 계획을 세우고 실천해야 하는데요. 의처증 남편과 사는 아내는 시간이 지날수록 의지가 점점 더 약해지기 때문에, 현실적으로 그런 일을 혼자 벌이기가 어렵습니다.

의부증 아내와 사는 남편도 힘들기는 매한가지입니다. 남편은 집에 들어가 아내의 얼굴을 볼 생각만 해도 답답해서 한숨이 나옵니다. 그러다 아내가 밖에서 어떤 여자를 만나고 들어왔냐는 등 이번 달 월급도 그 여자에게 들어간 거 아니냐는 등 헛소리를 시작하면, 숨이 확 막히는 기분을 느낍니다. 마음을 가라앉히고 달래도 보고 좋은 말로 풀어보려고도 하지만, 결국 결말은 늘 싸움으로 연결됩니다. 이 집에서는 매일 부부 싸움 소리가 그치질 않습니다. 처음에는 아이들도 엄마 편을 듭니다. 그러다 시간이 흐를수록 엄마가 이상하다는 걸 알아채죠. 의부증 아내는 자신의 근거 없는 의심을 믿어주지 않는다며, 자식들에게까지 짜증과 독설을 내뱉습니다.

결국 의부증 아내로 인해 가족 전체가 완전히 엉망진창이 되어버립니다. 남편도, 자식도 모두 이 여자를 떠나게 되죠. 그렇게 모두가 떠나고 나서도 이 여자는 '내가 이럴 줄 알았다'고 하면서 자신의 의심을 모두 사실로 믿고, 자기가 가족들에게 얼마나 큰 상처를 줬는지 전혀 생각하지 못합니다. 남편과 자녀가 한통속이 되어 자신을 미친 사람으로 몰아간다고 생각합니다.

혹시라도 의처증, 의부증이 심한 배우자와 살고 계시다면, 제가 여기서 간단히 답을 드리기는 어렵습니다. 반드시 전문가의 도움을 받으셔야 합니다. 그렇지 않으면, 나의 몸과 마음이 병들어가는 것은 둘째 치고 자녀들까지 고통의 그늘에서 빠져나오기 어려워집니다. 조금만 더 용기를 내시길 부탁드립니다.

의심쟁이 들에게 대처하는 법

누군가가 나를 의심한다는 생각이 들면, 그에게 화를 내기에 앞서 우선 그가 가진 증거가 무엇인지 확인해야 합니다. 그 증거가 과거에 내가 저지른 단 한 번의 잘못이라면, 다소 억울할지라도 '내가 당신의 믿음을 살 수 있을 때까지 노력하겠다. 그러니 내가 어떻게 해야 당신이 나를 의심하지 않겠느냐'는 이야기를 허심탄회하게 털어놓고, 상대가 원하는 것이 무엇인지 물어보아야 합니다. 상대가 나를 오해한다 싶어도 서운한 마음을 잠시 뒤로하고, 지금 나의 상황을 차근차근 이해시켜야 합니다.

평범한 사람들도 상대가 과거에 잘못한 전력이 있으면, 비슷한 상황이 왔을 때 의심하지 않을 수 없습니다. 그러니 믿음을 얻을 때까지는 차분히 노력하고 대화로 상황을 풀어나가야 합니다. 상식적인 사람이라면, 내가 진심으로 노력하는 모습을 보일 때 그 노력을 외면할 리 없습니다.

그러나 아무 증거 없이 나를 의심하고 계속해서 확인하려 드는 사람들은 앞으로도 내게 계속해서 크고 작은 상처를 입힐 장본인들입니다. 때문에 이들과의 관계를 잘 유지해나가기 위해 노력할 필요가 조금도 없습니다. 그래도 관계를 이어나가야만 하는 상황이라면, 나를 이들에게 맞추려 하지 말고 이들이 내게 맞추도록 유도해야 합니다. 우리에게는 상대의 마음가짐까지 바꿀 수는 없어도, 상대의 행동 정도는 바꿀 수 있는 힘이 있습니다. 즉, 이들이 나를 의심하는 마음을 접도록 할 수는 없지만, 그 의심을 나나 내 주변에 털어놓음으로써 나에게 상처 주는 행동을 하는 것을 멈추도록 할 수는 있다는 것입니다.

계속 확인하려 드는 이들은 대체로 나와의 관계에 애착 내지 집착을 하는 사람들입니다. 나와의 관계를 이어갈 생각이 없다면, 이렇게까지 나에 대해 궁금해할 리 없겠죠. 그러니 이들에게는 "당신이 계속 이런 식으로 나올 경우, 나는 당신과의 관계를 끊겠다"는 점을 단호하게 드러내야 합니다. 설령 그 대상이 부모라 하더라도 마찬가지입니다. 혹시 부모와 함께 살고 있는 상태라면, 당연히 집을 나와 독립해야 합니다. "나는 더 이상 당신의 통제를 받는 어린애가 아니다"라는 점을 분명히 하세요.

일을 시켜놓고 수시로 확인하려 하는 직장상사에게는 "기한을 정해주셨으면, 그때까지는 묻지 말아주세요. 만약 정말 궁금하시면, 몇 월 며칠에 중간보고를 한 번 하겠습니다. 저는 누가 계속 확인하면, 일을 제대로 못 하는 스타일입니다"라고 정색을 한 채 이야기해야 합니다. 이 합리적인 설명에 "감히, 네가 상사한테!"라고 나오는 사람은 극히 드뭅니다. 만에 하나, 그런 상사와 일하고 있다면 다른 부서나 직장을 알아보시길 권합니다. 그런 벽창호 상사와는 어차피 스트레스받으면서 오래 일하기 어렵습니다.

끝으로 모든 문제의 근원이 '나'인 경우에 대해서도 짚고 넘어가겠습니다. 상담을 받으러 오는 분들 중에 자신이 현재 외도를 하고 있는데, 배우자가 의심을 하고 있어서 상당히 괴롭다고 토로하는 분들이 꽤 됩니다. 알코올 중독 치료를 받으면서 가끔 몰래 술을 마시는데, 주위에서 계속 내가 술을 마시는 건 아닌가 의심을 해서 미치겠다는 분들도 있습니다.

적반하장도 유분수지, 정말 황당하죠? 그런데 앞에서도 말씀드렸지만, 모든 의심은 상처가 되게 마련입니다. 심지어 자기가 잘못을 저지르고 있어도 의심받는 건 싫은 게 사람 심리인 겁니다.

아무리 그렇다 해도 이런 경우는 의심받는 게 당연합니다. 전적으로 내 잘못입니다. 외도를 의심하는 아내가 짜증난다면 외도를 그만 둬야 하고, 술 마시는 걸 의심하는 가족들 때문에 화가 난다면 술을 끊으면 됩니다. 아주 단순한 진리죠? 하지만 이 단순한 걸 이해하지 못하면서 애꿎은 주변 사람만 미워하는 분들도 적지 않습니다. 세상살이가 간단치 않다는 것을, 이런 분들을 보며 참 많이 느낍니다.

"그 사람,
나를 못 잡아먹어 안달이에요"

원망의 대상을 찾으려는 사람

여자친구의 표정이 밝지 않다. 무언가 마음에 들지 않는 일이 있는 게 분명하다.

"무슨 일 있어? 표정이 어둡네."

"응? 나 회사 일이 힘들어서 그렇지."

"왜? 팀장이 또 뭐라고 했어? 그놈의 팀장은 빨리 장가를 가든가 해야지."

나는 그녀의 기분을 풀어주기 위해 최대한 밝은 표정으로 장난스럽게 말을 건넸다. 그러자 그녀는 이내 발끈하며 목소리를 높인다.

"오빠, 오빠는 왜 그렇게 실실 웃어? 지금 상황이 재밌어? 오빠는 내가 힘들어하는 거 안 보여?"

"아, 아니야. 난 그냥 네가 힘들어 보여서 기분 좀 풀어주려고 한 건데. 미안해."

불똥이 또 나한테 튀는 건가. 나는 황급히 미소를 지우고, 진지한 태도와 차분한 말투로 돌아섰다.

"뭐 먹고 싶은 거 있어? 배고프지?"

"오빠는 이 와중에 먹을 거 생각밖에 안 하는구나. 어쩌면 그렇게 무심해? 내가 지금 이 기분에 저녁 먹게 생겼어?"

등줄기를 타고 식은땀이 흘렀다. 뭐라고 말을 꺼내야 좋을지 몰라 우물쭈물하던 나는 그냥 입을 다물고 말았다.

"아~ 이제 나랑 말도 섞기 싫어? 잘못을 했으면 뭐라고 말이라도 해봐."

"……. 기분이 왜 나쁜 건데? 무슨 일 있었어?"

"하…. 정말 오빠는 구제불능이구나. 지금 그게 할 소리야? 농담했다가, 저녁 먹자고 했다가, 내가 뭐라고 하니까 이제야 무슨 일 있느냐고?"

"무슨 일인지 말을 해야 풀어줄 거 아냐."

"지금 나한테 화내는 거야? 방귀 뀐 놈이 성낸다더니, 정말. 나 도저히 안 되겠어. 오늘은 그냥 들어갈래."

여자친구는 가방을 챙기더니 그대로 카페에서 나가버렸다. 지금 뛰쳐나가 여자친구를 잡았다가는 더 성질을 내며 나를 뿌리칠 게 뻔했다. 그렇다고 그냥 가게 내버려두자니, 남자답지 못하게 자기가 가는 걸 그대로 뒀다면서 나중에 화낼 게 뻔했다. 나는 이래도 밥이고, 저래도 밥이다. 한숨만 나온다.

· ·

사람들이 누군가를 괴롭힐 때는 보통 자신이 원하는 대로 상대를 움직이려 한다거나, 상대를 내 곁에서 내쫓으려고 한다거나 하는 구체적인 목적이 있게 마련입니다. 그런데 남을 괴롭히고 상처를 주는 것 자체를 목적으로 삼는 사람들이 있습니다. 이들은 단 한 명의 대상을 지속적으로 괴롭히는 경향이 있습니다. 한 사람을 딱 찍어 그를 비난하고, 미워하고, 나쁜 사람으로 만들어야 직성이 풀립니다. 그러다 그 비난의 대상이 사라지면, 또다시 다른 누군가를 새로운 대상으로 점찍습니다.

위의 에피소드에 등장하는 여자는 남자친구를 그런 대상으로 삼고 있는 셈인데요. 아마 저 남자가 참다 참다 떠나면, 다른 남자를 만나 '예전 남자친구가 얼마나 파렴치한 사람이었는지' 강조하면서 마치 자신이 피해자인 양 행동할 겁니다. 그렇게 상처받은 여자인 것처럼 동정심을 유발하는 전략을 써서 새로운 남자친구와 사귀게 되면, 예전과 같은 패턴을 반복하겠지요. 그러면서 자기는 늘 나쁜 남자한테만 끌린다느니, 이상한 남자하고만 얽힌다느니 하는 푸념을 여기저기에 늘어놓을 겁니다.

이런 여자가 나중에 결혼을 하고 자녀를 갖게 되면, 미움의 대상이 남편에서 아이로 넘어갑니다. 아이가 둘이건 셋이건 딱 한 아이만 미워합니다. 물론 자녀를 차별하는 데도 나름대로 기준이 있습니다. 아들 vs. 딸, 똑똑한 자식 vs. 멍청한 자식, 예쁜 자식 vs. 못난 자식, 건강한 자식 vs. 아픈 자식, 아빠 닮은 자식 vs. 엄마 닮은 자식 등 그 기준은 천차만별입니다. 그러나 그 아래 깔린 심리 기제는 언제나 같습니다. 자신을 기쁘게 하는 좋은 자식과 항상 나를 힘들게 하는 나쁜 자식이 있어야 한다는 것입니다.

이런 여자는 대체로 결혼과 동시에 남편을 나쁜 사람으로 몰아가며 끝없이 원망하기 때문에, 자기 닮은 자식을 좋아하고 남편 닮은 자식을 미워하는 경향이 있습니다. 그리고 이런 엄마 밑에서 자라나는 아이는 일정 부분 그 기질을 닮아서, 자기도 자라며 차별하는 사람이 되곤 합니다.

원망하며 괴롭히는 이들의 전략

이들은 상황이나 상대에 따라 다양한 괴롭히기 전략을 구사합니다.

그중 첫 번째가 '우기기'입니다. 이들은 천연덕스럽게 말을 바꾸곤 하는데요. 분명 자기가 예전에 했던 얘기인데도, 나는 그런 얘기를 한 적이 없다며 우겨댑니다. 처음에는 기가 막힙니다. 하지만 "네가 잘못 기억하는 거야"라는 말을 자꾸 듣다 보면, 왠지 점점 확신이 줄어듭니다.

내가 기억하는 게 맞는지 잠시 흔들리는 듯한 모습을 보일 때 이들이 구사하는 두 번째 전략은 '몰아가기'입니다. 슬쩍 "네가 문제야"라고 말하며 분위기를 몰아가는 것이죠. 설혹 자신이 그런 말을 했더라도 자기 의도는 그것이 아니었다면서, 네가 그렇게 받아들일 줄은 몰랐다고 이야기합니다.

이런 사람들과 논쟁을 하다 보면, 말문이 막히면서 미쳐버릴 것 같습니다. 나는 전혀 화가 나지 않은 상태인데, 이들은 "왜 거짓말을 해. 당신 실은 화 많이 났잖아"라고 합니다. 나는 지금 무척 슬픈데, "속으로는 고소해하고 있지?" 하고 몰아가기도 합니다. 그중에서도 이들이 가장 많이 하는 이야기는 상대를 이기적이라고 비난하는 것입니다.

이들은 이런 식으로 문제의 책임을 상대에게 완전히 전가해버립니다. 심지어 이들의 잘못된 행동에 대해 내가 문제를 제기하면, 내가 자기 대신 다른 사람을 원망하도록 교묘하게 일을 꾸미기도 합니다. 남편이 자신을 구타하자, 아내가 이를 친정에 알립니다. 분노한 장인, 장모가 와서 사위를 크게 꾸중합니다. 그러자 남편은 아내에게 "우리 둘이 해결할 일을 장인, 장모에게 얘기해 나를 곤란하게 만들었다"며 마치 아내가 문제를 일으킨 것처럼 비난합니다. 아내는 남편의 구타 사실을 부모님에게 알린 자신이 바보처럼 느껴지면서, 일을 크게 만든 부모님이 원망스러워집니다.

이들의 세 번째 전략은 '말꼬리 잡기'입니다. 맞벌이를 하는 부부가 있습니다. 어느 날 집이 너무 더럽다고 좀 치우라고 잔소리를 하는 남편에게, 아내가 청소를 도와달라고 말합니다. 그러자 남편은 밖에서 힘들게 일하고 들어온 남편에게 그게 무슨 말이냐고 호통을 칩니다. 아내는 나도 일하고 들어오면 너무 힘들다면서, 집안일을 좀 분담해주면 좋겠다고 푸념합니다. 그러면 남편은 누가 당신한테 일하라고 했느냐, 가만히 집에서 살림이나 잘하라고 윽박지릅니다. 아내가 그러면 애들 학원비는 누가 벌어오느냐고 호소하면, 이번에는 주입식 교육제도와 사교육의 폐해에 대해 얼토당토않은 교육철학을 잔뜩 늘어놓습니다.

이런 식으로 말꼬리를 잡아가는 남편은 결국 아내의 사고방식이 글렀다는 쪽으로 결론을 내리며, 아내에게 상처를 줍니다. 남편에게 지속적으로 이런 취급을 받는 아내는 스스로가 바보 같다고 여깁니다. 그러면서 오히려 다른 사람들에게는 남편이 정치면 정치, 경제면 경제, 모르는 게 없는 사람이라고 말하곤 합니다. 하지만 실제로 그 남편들의 지적 능력이라곤 대개 여기저기서 주워들은 것을 읊어대는 수준으로 보잘것없는 경우가 많습니다.

이들의 가장 악질적인 네 번째 전략은 '정서적으로 협박하기'입니다. 가장 흔한 수법이 "그만 만나자"라고 하는 것입니다. 이들은 아주 사소한 일을 가지고 엄청난 일인 것처럼 부풀려 이야기하며, 다시는 나를 안 만날 것처럼 굽니다. 상견례를 앞둔 자녀가 있는 상태인데 이혼을 하자고 한다든지 하는 식입니다. 연락두절이나 욕설은 기본이죠. 몇 날 며칠 말을 안 하는 묵언 수행을 하기도 합니다. 그 밖에도 내가 가장 싫어하는 짓만 골라 하면서 나를 괴롭힙니다. 이는 의식적으로든 무의식적으로든 나의 두려움, 죄책감, 동정심을 자극해 마침내 자신에게 굴복하게 만들려는 술수입니다.

이들의 다섯 번째 전략은 '이간질하기'입니다. 이들이 일하는 직장에서는 항상 직원들이 싸웁니다. 이들은 편을 가르되, 한 명을 고립시켜 왕따를 만드는 것을 즐깁니다. 어쩌다 의식 있는 누군가가 왕따가 된 직원의 편을 들라 치면, 사장을 회유해 자기네 편으로 만들려고 합니다. 사장이 여기에 넘어오면 다행(?)이지만, 그렇지 않을 경우에는 사장을 미워하기 시작합니다. 정작 누군가를 차별하고 괴롭힌 사람은 본인이면서, 사장이 자신을 비롯한 직원들을 부당하게 대하고 있다며 주변에 사장 험담을 하고 다닙니다.

조금 더 큰 조직에서는 이들의 편 가르기가 파벌 조성으로 이어집니다. 학교의 경우 집단 왕따를 조장하기도 합니다. 이들은 남을 따돌리는 행위에서 자신에게 권력이 주어진 것 같은 쾌감을 느낍니다. 이들의 마음속에는 선악이 분리되어 있습니다. 그래서 자기편은 선하고, 남의 편은 무조건 악하다고 여깁니다. 인기 있고 잘나가는 사람들은 당연히 자기편으로 들어와야 합니다. 그리고 자기편이라 해도 그가 다른 친구들을 사귀려고 하면, 그 친구들을 험담하며 떼어놓으려고 합니다.

이들과의 관계를 끊기 힘든 이유

이들은 자신이 잘못한 것은 쉽게 잊어버리고, 남이 잘못한 것만 기억합니다. 남이 자신에게 한 말에 대해 아주 사소한 부분을 가지고 트집을 잡아서 물고 늘어집니다. 내가 빨리 대답을 하면, '왜 그렇게 가볍게 생각하고 말을 내뱉는 것이냐면서 '사태의 심각성을 모르느냐'고 따집니다. 내가 그럼 좀 생각해보겠다고 하면, '너는 왜 그렇게 무책임한 거냐'며 빨리 해결책을 내놓으라고 닦달합니다. 이렇게 하면 이렇게, 저렇게 하면 저렇게 비난을 합니다.

얼핏 들으면, 이들의 말은 틀린 것 없이 매우 논리 정연합니다. 그러나 그 말들에 대답을 하면 할수록 '이 사람은 왜 이런 것까지 따지고 드는 걸까' 하는 의구심이 듭니다. 그 생각을 말하면, "내 이야기를 따지는 것으로 여기는 너의 태도가 문제"라는 기가 막힌 답변이 돌아옵니다. 화 좀 그만 내라고 하면, "지금까지는 화가 나지 않았는데, 네가 그 말을 하니 화가 난다"는 더 기가 막힌 답변이 돌아옵니다. 이들이 원하는 것은 단 하나, 자신은 맞고 상대는 틀렸다는 것을 상대가 인정하는 것입니다.

이렇게 대화 몇 마디 나누는 것만으로 내게 상처를 주는 사람들과 우리는 왜 관계를 끊지 못하는 걸까요? 바로 이들이 강약을 조절할 줄 알기 때문입니다. 즉, 당근과 채찍을 적절히 사용한다는 얘기죠. 상대가 자신이 정서적으로 학대당한다는 사실을 알아채면, 이에 저항하거나 떠나갈 수도 있습니다. 이들 입장에선 만만한 상대를 잃어버리는, 참 골치 아픈 일입니다.

이들은 마치 기생충과도 같습니다. 기생충이 너무 많이 영양분을 빨아대면, 숙주인 동물이 죽어버리죠. 따라서 기생충은 숙주를 적당히 살려줄 정도로만 영양분을 빨아갑니다. 남을 괴롭혀야 자기가 사

남을 괴롭혀야 자기가 사는 이런 사람들은
타인의 마음에 기생하며
그들의 선의, 사랑, 동정심을 빨아 먹습니다.
그러다 상대가 무너질 것 같으면
갑자기 회유를 합니다.

는 이들은 타인의 마음에 기생하며 그들의 선의, 사랑, 배려, 양보, 동정심을 빨아먹는 것입니다. 그러다 상대가 너무 괴로워 무너질 것 같으면, 갑자기 회유를 합니다. 아내를 학대하던 남편이 어느 날 몰래 이혼을 준비하는 아내에게 장미꽃과 함께 부드러운 사랑의 편지를 보내 아내를 혼란스럽게 한다든지 하는 식입니다. 당근에 속은 내가 주변 사람에게 이런 이야기를 하면, 아마 그들도 "이렇게 너한테 잘해주는데, 한 번만 용서해줘"라고 부추길지 모릅니다. 결국 나는 또 한 번 속아 넘어가고 맙니다.

이들은 절대로 변하지 않는다

남에게 상처 주는 인간 부류는 무척이나 다양하지만, 그중에서도 남을 원망하며 감정적으로 괴롭히는 것 자체를 목적으로 삼는 이들이야말로 절대악이 아닐까 하는 생각을 여러 번 하게 됩니다. 사실 앞에서도 남에게 상처 주는 사람들은 결코 변하지 않을 거라는 말씀을 계속 드렸는데요. 이 부류만큼 그 이야기가 딱 들어맞는 이들도 없을 겁니다.

이들은 자기가 옳고 남이 그르다는 것을 남이 인정하게 만드는 것, 이로써 상대를 통제하는 것에서 한 발 더 나아가 상대를 지배하고자 하는 욕망에 사로잡혀 있습니다. 이들은 자신이 타인을 지배하고 압도한다는 사실 그 자체에서 말할 수 없는 희열을 느낍니다. 이들은 상대에게 일방적인 복종을 강요합니다. 어디에서나 왕으로 군림하고 싶어 합니다.

　이런 사람들이 조직의 장長이 되면, 그 조직은 철저히 수직적으로 운영됩니다. 사장이 이런 사람이면, 부하직원들은 뭐라고 한마디만 해도 으레 "분수를 모르는 것들"이란 말을 들어야 합니다. 이쯤 되면 이들은 특권에 집착해서, 남들과 자신이 다른 대접을 받아야 한다고도 생각합니다.

　이런 사람과는 처음부터 가까운 사이로 만나지 않는 게 상책입니다. 누가 처음부터 이런 사람인 줄 알고 만났겠느냐고 반문하실 수도 있는데요. 아무런 정보 없이 새로운 사람과 관계를 시작하는 일은 사실 세상 살면서 그렇게 많지 않은 편입니다. '남의 이야기만 듣고 어떻게 알아. 내가 직접 겪어봐야지'라고 말하는 분들은 지극히 순진한 겁니다. 주변에서 악평이 자자한 인물이라면, 일찌감치 피하는 게 맞는 대처법입니다.

　주변의 평을 들을 기회 없이 새로운 사람과 만나게 됐다면, 혹시 그가 다른 사람에 대해 이야기할 때 그를 가해자로, 자기 자신을 피해자로 이야기하지는 않는지 주의 깊게 살펴보셔야 합니다. 이들은 처음 만나는 상대에게 동정심을 불러일으키는 수법을 자주 쓰곤 합니다. 조심하세요. 이들 이야기 속의 가해자가 어느 날 나로 둔갑할 수 있음을 기억해야 합니다.

　이미 내 주변에 이런 사람이 있다면, 첫째 이들의 수에 놀아나선 안 되고, 둘째 가능하면 이들을 멀리 피해야 합니다. 앞서 설명했듯이 이들은 다양한 전략을 자유자재로 구사하며, 내 마음을 들었다 놨다 할 겁니다. 자칫 이들에게 휘말려 내 페이스를 잃게 되면, 걷잡을 수 없이 당하고 맙니다. 그러니 이들이 내게 어떤 달콤한 수를 쓰든, 어떤 죄책감 유발 작전을 쓰든, 다 농간이라 생각하고 귀를 막으세요. 이들이 뭐라고 하건 간에 내가 하고 싶은 말만 하고, 내가 하고 싶은 행동만 해야 합니다.

특히 이들을 말로 달래려고 하거나 말싸움을 할 생각은 애초 하지 마시기 바랍니다. 끊임없이 꼬투리를 잡는 이들과는 대화가 제대로 될 리 없으니까요. 맨 처음 등장한 에피소드로 돌아가볼까요? 여자친구에게 "기분이 나빠 보이는데, 무슨 일 있어?"라는 질문을 한 다음, 이 남자는 뜬금없는 화풀이 대상이 되고 말았는데요. 이런 밑도 끝도 없는 공격은 절대 받아줘선 안 됩니다.

이럴 때는 "네가 무슨 생각으로 그러는지는 모르겠는데, 나는 지금 너 때문에 기분이 나빠서 더는 할 이야기가 없다"고 이야기하고 자리를 떠야 합니다. 여자친구가 그런 나를 비난하며 어떻게 그럴 수 있느냐, 헤어지려고 그러느냐고 해도 흔들리면 안 됩니다. 이 일로 둘이 진짜 헤어지게 된다면, 둘은 이 일이 아니어도 어떤 이유로든 헤어지게 될 사이였을 거라고 여기세요. 실제로 이것이 틀린 말은 아닙니다. 이런 상대와의 연애는 시한부와 같아서 끝은 늘 정해져 있습니다. 조금이라도 일찍 그 끝을 보는 것이 차라리 상처를 덜 받는 가장 좋은 방법입니다.

제일 좋은 것은 이들과 멀리 떨어지는 것입니다. 혼자서 해내기 힘들 것 같으면 조력자를 반드시 구하세요. 그래도 안 되면, 경우에 따라 법에 호소하는 것도 방법입니다. 이들과는 멀리 있으면 멀리 있을수록 좋다는 점을 명심하셔야 합니다.

no.5 **"그 사람의 어느 장단에
맞춰야 할지 모르겠어요"**

변덕이 죽 끓듯 하는 사람

벌써 삼십 분째다. 원래 약속을 잘 안 지키는 아이이니, 늦는 건 당연지사라고 생각했지만 슬슬 화가 나기 시작했다.

'너 지금 어디야? 우리 약속시간 삼십 분이나 지난 거 알아? 언제까지 올 건지 연락이라도 좀 해.'

문자메시지를 보내고 얼마 지나지 않아 전화가 걸려왔다.

"뭐야, 진작 연락하지. 많이 기다렸어?"

이건 웬 어이없는 반응?

"야, 만나기로 했으면, 제시간에 나와야 할 거 아냐. 이제 너한테 말하기도 입 아프다, 정말. 어디야? 몇 시까지 올 거야?"

"나 대학 친구들이랑 당구 치고 있는데, 완전 재밌어. 너도 이쪽으로 와. 같이 놀자."

기가 막혔다. 뜬금없이 전화를 걸어와 둘이 오랜만에 술이나 한잔하자고 했던 건 분명 본인이었으면서, 약속시간이 삼십 분이나 지나 전화로 한다는 소리가 뭐? 게다가 나는 알지도 못하는 애들이랑 같이 당구를 치자고?

"됐고, 약속했으면 여길 먼저 와야 할 거 아냐. 네가 먼저 만나자고 했잖아."

"까칠하긴. 그냥 같이 놀면 되지, 뭘 그렇게 예민하게 구냐? 알았어, 알았어. 내가 이십 분 안에 갈게."

"너 어딘데?"

"나 가까워. 지금 하는 게임만 오 분 안에 마무리하고 갈게. 택시 타면 십 분도 안 걸려."

정말 짜증이 났지만, 그래도 한 번 더 믿어보기로 한다. 그러나 십 분, 이십 분, 삼십 분이 지나도 감감무소식이다. 왜 안 오냐는 내 문자 메시지에 '오 분만. 게임이 안 끝나'라는 답변이 돌아온다.

결국 그날 나는 두 시간을 그렇게 술집에서 혼자 있다가 허탕을 치고 집으로 돌아왔다. 이 자식은 내가 그렇게 만만한가? 나하고 한 약속이 그 정도로 별거 아니었던 건가? 허탈하기도 하고, 씁쓸하기도 했다.

· ·

우리는 내가 생각했던 것과 다르게 상황이 전개되면, 상대가 이랬다저랬다 한다고 생각합니다. 상대가 자기 하고 싶은 대로 한다고 생각하면서 상처받기도 합니다. 때때로 상대가 일부러 나를 괴롭히려고 그러는 것이라는 생각이 들면, 상처는 더욱 커집니다.

그런데 상대도 나름대로 합당한 이유가 있어 생각이 바뀌기도 합니다. 누군가가 돈을 빌려달라고 해 마지못해 알았다고 했지만, 나중에 생각해보니 아무래도 안 되겠다 싶어서 말을 바꾸는 경우가 여기에 해당됩니다. 결혼도, 사업도, 사랑도 마찬가지입니다. 내가 하고 싶지 않은 것, 내가 할 수 없는 것을 상대가 강요해 어쩔 수 없이 끌려가다 마지막에 도저히 안 되겠다 싶어 취소를 할 때, 상대는 내가 정말 심하게 변덕스럽다고 비난합니다.

하지만 이것은 변덕의 문제가 아닙니다. 자기 식대로 일을 처리하려는 사람과 쉽게 거절하지 못하는 사람 사이에서 벌어진 해프닝일 뿐입니다. 이렇듯 타인에게 무언가를 억지로 부탁하거나 타인을 무리하게 끌고 가려는 사람들의 경우, 타인이 항상 변덕스럽다고 투덜대곤 합니다.

이와 달리 위의 에피소드에서처럼 정말 제멋대로인 사람도 더러 있긴 있습니다. 이들은 누군가와 무엇을 하기로 약속을 했더라도, 더 재미난 것이 나타나면 그것을 해야 합니다. 가족이나 친한 친구 같은 만만한 사람과의 약속은 어기기 일쑤죠. 이들은 자기가 하고 싶은 것이 갑자기 생각나면, 서슴지 않고 그것을 먼저 합니다. 어릴 때 엄마에게 '조금만 더 놀고 들어가겠다' '조금만 더 게임하고 끄겠다'며 "조금만 더"를 외치던 버릇이 남아 있는 것입니다. 이들과는 시간 약속을 하지 않는 것이 최선입니다. 어쩌다 시간 약속을 하게 됐다면, 처음부터 이들이 제 시간에 오지 않을 것이라고 마음을 먹고 느긋하게 기다리는 편이 현명합니다.

이런저런 변덕쟁이들 파악하기

변덕쟁이에도 이해할 수 있는 부류가 있는가 하면, 도무지 구제불능인 부류도 있습니다.

먼저 수동공격형 성격을 지닌 사람들입니다. 이는 변덕의 또 다른 형태라고도 볼 수 있는데요. 지나치게 강압적인 부모 밑에서 자란 사람에게서 많이 발견되는 성격형입니다. 이들은 부모에게 아무리 자기 의견을 말해도 아무런 소용이 없다는 것을 잘 압니다. 그래서 일단은 부모가 무엇을 시키면 알겠다고 한 다음, 게으름을 피우며 슬금슬금 그 일을 하지 않습니다.

성인이 되어서도 마찬가지로 행동합니다. 직장에서도 상사 앞에서는 열심히 하겠다고 하지만, 실은 대강대강 하면서 농땡이를 피웁니다. 상사 입장에서는 열심히 하겠다고 해서 믿고 맡겼는데 일이 진척되지 않으니 죽을 맛입니다. 결혼을 해도 마찬가지입니다. 주중에 피로가 쌓여 주말엔 쉬고 싶지만, 아내가 놀이공원에 가자고 하면 일단 간다고 합니다. 그러다 막상 주말 아침이 되면, 잠에서 깨어나지 못합니다.

이들은 부모에 의한 피해자였으나 자라면서 가해자가 된 케이스입니다. 이들이 과거에 겪은 끔찍한 소통 불가의 경험을 생각하면, 일견

안쓰럽기도 한데요. 아무리 그래도 이들의 행동은 상대를 미치게 만듭니다. 차라리 처음부터 안 된다고 하면 될 텐데 왜 뒤늦게 말을 바꾸는 것인지, 내가 한 말은 말 같지 않다는 것인지, 전혀 이해할 수가 없습니다. 진짜 큰 문제는 이런 일이 두 번, 세 번, 끝도 없이 이어진다는 점입니다. 결국 이들은 온갖 스트레스를 내게 쏟아붓는 원흉으로 낙인찍히고 맙니다. 이들은 '어떻게 대할 것인지'를 고민할 필요가 없는 사람들입니다. '어떻게 하면 피할 수 있을지'를 고민해야 하는 사람들입니다.

두 번째는 알코올 중독자들이나 우울증 증상을 가진 이들입니다. 평소에는 얌전하던 사람이 술만 마시면 돌변하는 경우가 있습니다. 이들은 맨정신일 때와 취했을 때 완전히 다른 인격을 보이기 때문에, 전혀 어떤 말이나 행동을 할지 예상할 수가 없습니다. 이런 사람과 사귀거나 결혼한 경우, 그가 술에 취해 있을 때는 정말 헤어지고 싶습니다. 그러나 맨정신인 그는 너무나 멀쩡하기 때문에, 다시는 술을 마시지 않겠다는 그 간절한 약속에 또 속아 넘어가고 맙니다. 그러다 나중에 정말 중독이 되면, 그는 술 마신 날은 취해서, 술을 마시지 않은 날은 금단 증상 때문에 문제를 일으킵니다. 금단 증상에는 짜증과 화가 동반되게 마련이죠.

정서가 불안한 사람이나 우울증에 걸린 사람 역시 변덕스러워 보이긴 마찬가지입니다. 이들은 어떨 땐 사랑스럽고 남을 배려해주지만, 어떨 땐 잔인하고 천박하고 이기적입니다. 그는 내가 여태껏 만나본 가장 따뜻한 사람이면서 동시에 가장 못된 인간이기도 합니다. 이렇게 극단을 오가지 않더라도 우유부단하고 우물쭈물하는 증상을 보이는 경우도 많습니다. 나가서 모임에 열심히 참여해야겠다고 다짐하지만, 막상 사람들을 만날 생각을 하면 씻고 옷 입고 집을 나서는 것이 끔찍합니다. 나가기 힘들겠다고 전화로 알리는 것마저 피곤합니다.

이런 이들은 분명 변덕의 원인이 이들 본인에게 있긴 하지만, 그래도 이들 역시 일종의 피해자라고 보는 시선이 필요합니다. 속상하고 화도 나겠죠. 하지만 우선은 상대를 비난하기보다 위로하는 것이 올바른 방법입니다.

세 번째는 충동적인 사람들입니다. 어렸을 때 주의력결핍과잉행동장애Attention Deficit Hyperactivity Disorder, ADHD를 앓았던 사람들에게서 많이 보이는 형태인데요. 앞선 에피소드에 등장한, 약속시간을 가볍게 여기는 친구가 여기에 포함된다고 볼 수 있습니다. 이들은 지루한 것을 참지 못하고 무언가 새로운 것이 일으키는 흥분을 즐깁니다. 심심함이야말로 이들에게는 견디기 어려운 고통입니다. 이들이 가장 많이 하는 말은 "지루해" "심심해" "뭐 재미있는 것 없나?"입니다. 이들은 스스로에 대해 에너지가 넘친다고 평가하며, 새로운 것을 추구하는 역동적인 삶이 진정한 삶이라고 노래합니다. 이에 대해 염려하는 사람은 꽉 막힌 인간이라고 생각하죠. 당연히 기분 변화가 심하고 정서가 불안합니다.

사람을 만나도 처음에는 무척 좋아하지만, 조금만 있으면 별것 아닌 일에 실망해 그를 마구 욕합니다. 당연히 지속적으로 친구를 사귀지 못합니다. 이성을 사귈 때도 성적으로 강렬하게 어필하는 상대에게 급속히 이끌립니다. 자신에게 관심 없는 사람을 사랑하는 반면, 자신을 사랑하는 이에게는 오히려 상처를 주죠. 심지어 문제가 있는 상대라든가 유부남, 유부녀와의 사랑도 마다하지 않습니다. 어쩌다 자신의 감정을 잘 받아주는 사람을 만나면 그를 소울메이트라 여기기도 하는데, 그 상대가 지쳐서 자신을 떠나갈 것 같다는 불안감이 생기면 그에게 필사적으로 매달립니다. 심지어 자해를 시도하는 경우도 있습니다.

이들이야말로 진정한 변덕쟁이이자 치명적인 상처 유발자라고 할 수 있습니다. 이들과 함께하다 보면, 처음에는 나를 정말 좋아해주는 것 같다는 생각에 완전히 마음을 열게 됩니다. 하지만 어느 순간부터 이들은 내게 차갑게 굽니다. 이유도 알 수 없습니다. 왜 그러냐고 물어도 대답조차 돌아오지 않으니까요. 도무지 그 속을 이해하고 싶어도 이해할 수 없는 부류입니다.

충동형 변덕쟁이들은 왜 그럴까

충동형 변덕쟁이들에게는 중간이란 없습니다. 누군가와 오랜 기간 알고 지내다 보면, 좋을 때도 있고 나쁠 때도 있게 마련입니다. 좋은 순간이 더 많으면 그는 내게 좋은 사람이고, 나쁜 순간이 더 많으면 그는 내게 나쁜 사람입니다. 그런데 이들은 누군가가 아주 잠깐 동안이라도 나에게 잘못을 하면, 견디질 못합니다. 그는 내게 나쁜 사람이며, 더는 상대하고 싶지 않은 인간입니다. 오래도록 잘 지내온 사람이라 해도 예외란 없습니다. 이들에게는 선과 악이 공존하는 중간지대가 없기 때문입니다.

누구나 어릴 때는 선악을 명확히 구분합니다. 그래서 아이들은 악인이 벌을 받는 동화를 좋아하죠.《백설공주》에서도 악인으로 대변되는 계모가 딸을 괴롭히다 벌을 받는 내용이 나옵니다. 동화에서 계모는 변형된 어머니를 상징합니다. 아이는 자신의 엄마를, 자신에게 잘해줄 때는 착한 엄마로, 자신을 괴롭힐 때는 괴물 같은 나쁜 엄마로 받아들입니다. 괴물 엄마는 언제 나를 버릴지, 언제 나를 죽일지 모릅니다. 때문에 괴물 같은 엄마의 측면을 분리함으로써 착한 엄마에 대한 환상을 지키고 싶어 합니다. 이런 욕망이 동화에서 나쁜 계모가 벌을 받는 내용으로 실현된다고 볼 수 있습니다.

계모가 벌을 받는 동화를 보면서 아이는 나를 괴롭히는 나쁜 엄마에 대한 증오심을 해소합니다. 다만 아이는 마음속에서 착한 엄마와 나쁜 엄마가 아직 통합되지 않았기 때문에, 엄마가 선하면서 곧 악할 수 있다는 사실을 받아들이지 못합니다.

청소년의 도덕성에 대해 언급할 때 빠지지 않는 이가 로렌스 콜버그Lawrence Kohlberg입니다. 콜버그는 도덕성의 발달을 단계별로 구분했습니다. 그는 발달이라는 이름을 써서 나이가 들면서 제대로 성숙해지면, 더 높은 단계로 도덕성이 발달한다고 가정합니다. 유치원이나 초등학교 저학년 학생들은 나쁜 일을 하면 벌을 받아야 한다고 생각하지만, 자신의 잘못을 부모에게 숨기려고 합니다. 그리고 막상 벌을 받게 되면, 자기가 잘못한 게 없다고 생각하며 억울한 마음을 지닙니다. 그러면서 청소년이 되면, 본인 행동을 도덕적으로 합리화하는 경향이 있습니다. 어떤 경우에는 자신은 열심히 하려 했지만, 부모가 일을 망쳤다고 하면서 핑계를 대기도 합니다.

이 단계에서 멈추게 되면, 이 아이는 모든 사람을 선한 자와 악한 자로 나눕니다. 《백설공주》를 읽는 아이들이 마음속에서 좋은 엄마와 나쁜 엄마를 통합하지 못하듯이, 동일한 사람이 선하면서 동시에 악할 수 있다는 사실을 받아들이지 못하는 것입니다.

선과 악을 통합하는 데 결정적인 역할을 하는 사람은 그 누구도 아닌 엄마입니다. 아이는 엄마가 나쁜 엄마가 될 때마다 소리를 지르고 화를 냅니다. 그때마다 엄마는 아이를 안아주고 위로해줍니다. 그렇게 아이가 화를 내고 엄마가 위로하는 과정이 셀 수 없이 반복되면서 착한 엄마와 나쁜 엄마가 아이의 마음속에서 통합이 됩니다. 그렇게 자란 아이는 착한 엄마와 나쁜 엄마를 통합했던 과정이 있었기에 타인의 선한 모습과 악한 모습도 순탄하게 통합합니다. 그래서 직장상사가 좀 나를 힘들게 해도 참고 회사에 다니고, 남자친구가 다소 무심해도 인내하며 사귀고, 부부싸움 후에 먼저 화해도 청하고, 아이가 속을 썩여도 화를 내지 않는 것입니다.

그런데 이 통합의 과정이 순탄하게 이뤄지지 않으면, 직장상사가 조금만 뭐라고 해도 회사를 단박에 그만두고, 남자친구가 조금만 무심하게 굴어도 헤어지자고 하고, 부부싸움은 곧 이혼으로 이어지고, 아이가 속을 썩이면 갖다 버리고 싶어지는 것입니다.

사람만 이분법적으로 대하는 것이 아닙니다. 현재 하는 일은 너무나 지루하고 하기 싫습니다. 반면 진정 하고 싶은 일은 따로 있습니다. 이들의 마음은 항상 두 가지 극단 사이에서 갈등합니다. 세상에서 가장 아름다운 나의 모습과 가장 추한 나의 모습, 가장 용감한 나의 모습과 가장 비열한 나의 모습, 가장 착한 나의 모습과 가장 나쁜 나의 모습. 이루어질 수 없는 꿈과 목표를 상상하며 덤벼들다가는 세상이라는 바위에 깔려 온몸이 바스라지는 것 같습니다. 그러고 나면 버리고 싶은 못난 나의 모습으로 돌아갑니다. 그렇게 아름다운 나와 버리고 싶은 나 사이에서 끝없이 갈등하고 번민하며, 이들의 마음은 갈기갈기 찢어지고 공허해집니다. 그러다 보니 이들에게는 책임감과 끈기가 없습니다. 순간의 흥분, 순간의 쾌감이 가장 중요합니다.

절대 뒤돌아보지 말자

충동형 변덕쟁이들은 보통 사람들이 상상하지 못할 정도로 강렬한 감정을 지니고 있습니다. 그렇기 때문에 이들 곁에 머물다 보면, 더할 나위 없이 흥분되고 즐거울 때가 있습니다. 하지만 이들을 제때 떠나지 않는다면, 작은 상처가 쌓이다 못해 나중에는 무시무시한 심리적 고통을 경험하게 됩니다. 주위에서는 다들 그와 헤어지라고 하지만, 그러지 못합니다. 그와의 강렬한 추억을 잊을 수가 없기 때문이죠. 또 괴로워하는 그를 보면, 도저히 그를 떠날 수가 없을 것만 같습니다. 그렇게 나의 인생은 그와 함께 무너져 내립니다. 이들과 있다 보면, 나의 삶마저 공허해집니다. 이들과의 경험, 기억, 추억 빼고는 아무것도 남는 것이 없게 됩니다. 이들의 공허함을 채워주는 대신 나의 삶이 공허해지는 것입니다.

이들을 대할 때 기억해야 할 점은, 내가 아무리 노력해도 이들 마음속 공허함을 전부 다 채울 수는 없다는 사실입니다. 이들이 지닌 마음의 공허함은 어떤 점에서 아귀餓鬼와도 같습니다. 아귀는 귀신의 일종으로, 몸이 앙상하게 마르고 배는 엄청나게 큰데 목구멍이 바늘구멍 같아서 음식을 먹을 수 없어 늘 굶주림으로 괴로워합니다. 아귀의 경우 배고픔을 면하려면, 목구멍을 넓혀야 합니다. 인간으로 따지자면, 삶을 대하는 태도가 바뀌어야 하는 것입니다.

따라서 내가 해야 하는 일은 이들의 허전함을 채우기 위해 동분서주하는 것이 아닙니다. 이들 스스로 밑 빠진 독 같은 자신들의 마음을 수선하도록 도와야 합니다.

만약 도저히 안 되겠다 싶어 이들과 헤어지기로 결심했다면, 절대 뒤돌아봐선 안 됩니다. 그가 먼저 차갑게 돌아선 경우가 아닌 이상, 내가 먼저 그를 떠나려는 기색이 보이면 그는 필사적으로 내게 매달릴 것입니다. 너무나 괴로워하는 그를 보면, 혹시나 그가 자살을 하면 어떻게 하나 걱정이 될 지경입니다. 그러면서 내가 그에게 고통을 주고 있다는 생각에 죄책감에 사로잡힙니다. 결국 '내가 아니면 누가 이 사람을 지켜주나' 하는 마음에 상처를 감수하고 다시 그의 곁에 남기로 결정합니다. 그러고 나면, 안도감이 찾아오면서 너무나 행복한 시간을 맞이하게 됩니다. 하지만 그것도 잠시, 곧 그의 변덕, 불안이 시작됩니다. 이들은 또다시 제멋대로 살아갑니다.

한 번은 이들에게 기회를 줘도 됩니다. 한 번 정도는 '내가 그를 구제할 수 있다'고 믿어도 좋습니다. 하지만 딱 한 번입니다. 그다음에 이들을 떠나기로 결심했다면, 절대 그 생각을 바꿔선 안 됩니다. 만약 그들이 잘못될까 두려워 헤어지지 못하겠다면, 그때는 약한 마음을 상담받고 치료하는 한이 있어도 절대 뒤돌아봐선 안 됩니다.

어쩔 수 없이 이들과 지내야만 한다면, 이들을 대할 때 가장 중요한 것이 일관성이라는 점을 기억하시기 바랍니다. 이들의 삶은 칠흑처럼 어두운 밤, 태풍에 흔들리는 바다를 항해하는 일엽편주와 같이 불안정합니다. 여러분이 진정 이들을 돕고 싶다면, 이들에게 등대가 되어주어야 합니다. 이들이 절망에 빠져 어떻게 해야 할지 모를 때 길을 잃지 않도록 해주어야 합니다. 이들은 여러분을 찾아와 기운을 찾고 나면, 곧 흔들리는 삶을 향해 나아갈 것입니다. 이들의 삶에 안정이란 없습니다. 이들은 또다시 길을 잃고 헤맬 것입니다. 그럴 때마다 언제든 쉴 수 있게 해주되, 때가 되면 또다시 떠나도록 해주는 것. 그것이 여러분이 해줄 수 있는 전부입니다.

　이렇게 희생적인 삶을 살아갈 자신 혹은 이런 그에게 흔들리지 않고 내 페이스를 다부지게 지켜갈 자존감이 확실하지 않다면, 이들과는 되도록 결별하는 게 좋습니다.

no.6 **"늘 도와줘야 하는 그 사람,
그런데 이제 지쳤어요"**

혼자서는 아무 것도 못 하는 나약한 사람

오늘도 전화를 받을까 말까 잠시 고민했다. 한번 통화를 시작하면 기본 한 시간, 그것도 늘 우는 소리. 이 전화를 끊고 나면, 아마 내 기운이 쭉 빠져 있겠지. '그래도 친군데…' 하는 생각에 겨우 마음을 다잡고 전화를 받았다.

"나야…."

전화기 너머의 그녀는 벌써 울먹울먹하다.

"왜 그래, 무슨 일 있어?"

"나 어떡해. 남자친구랑 또 싸웠어. 이번엔 진짜 마지막인 거 같아."

"싸워? 왜 또?"

또? 정말 또란 말인가. 이번 달에만 벌써 이런 전화를 세 번째 받고 있다.

"남자친구가 주말에 동창회에 나간다잖아. 나랑 몇 주 전부터 자전거 타러 가기로 해놓고. 내가 그런 게 어디 있냐고 했더니, 일 년에 한 번 하는 모임인데 어떻게 안 나가냐고 하는 거 있지."

"그럼 처음부터 너랑 약속을 잡지 말든가, 왜 그랬대."

"내 말이! 자기가 날짜를 착각하고 있었대. 아무리 그래도 그렇지. 내가 이번 주말을 얼마나 기다렸는데, 너무한 거 아냐?"

난 잘 모르겠다. 나 같으면 짜증 조금 부리다 그냥 동창회에 나가라고 했을 거 같은데.

"무조건 약속 지키라고 했더니, 내가 너무 이해심이 없고 나 하고 싶은 대로만 하려고 한대. 약속 안 지킨 건 자기면서, 어쩜 여자친구한테 그런 말을 할 수가 있니?"

"말이 좀 심했네."

"나 정말 헤어져야 할까? 이 사람이랑 나, 정말 잘 안 맞는 거 같아."

"글쎄……. 너무 힘들면 헤어지는 게 맞겠지."

"그치? 그치?"

겨우겨우 그녀를 달래가며 대화를 마무리했다. 그녀는 지난번엔 자기가 마음이 약해 헤어지자는 말을 못 꺼냈는데, 이번엔 확실히 정리해야겠다며 굳은 다짐과 함께 전화를 끊었다. 하지만 과연? 나는 안다. 그녀는 절대 헤어지지 않을 거다. 정말 지친다. "야, 어차피 내가 헤어지라고 해도 안 헤어질 거면서, 쓸데없이 이런 전화 좀 하지 마!"라고 쏘아붙이는 상상을 해본다. 부질없는 짓이란 걸 알면서도.

무언가 문제가 생기면 그 즉시 친구들에게 고민 상담을 요청하는 사람들이 있습니다. 친구가 아무리 바쁘건 말건 한 시간 넘게 전화를 끊지 못하게 하면서, 헤어질까 말까, 이혼할까 말까 의논하는 이들이죠. 한번 이야기를 꺼내놓으면, 끝도 없이 남자친구 욕, 남편 욕, 시댁 욕이 흘러나와요. 그러고 나서 꼭 자기가 어떻게 하면 좋겠냐고 물어봅니다. 아무래도 안 되겠다 싶어 헤어지라고 해도, 이들은 절대 헤어지는 법이 없습니다. 그냥 참고 살라고 하면, 계속 힘들다면서 너는 내 상황이 안 되어봐서 모른다고 원망합니다. 내가 할 수 있는 일이라고는 같은 고민을 반복적으로 들어주는 것뿐입니다. 지겨워 죽을 지경이 될 때까지 말이죠.

　막상 이들이 나의 의견을 존중해 결정을 내려도 그 역시 문제입니다. 이들은 일이 잘못되었을 때 타인에게 책임을 전가하곤 합니다. 이 옷 살까, 저 옷 살까 고민하는 친구에게 "넌 이 옷이 더 어울려"라고 말해줬습니다. 이 친구는 내 권유에 따라 그 옷을 샀는데, 이후 누군가가 그 옷을 가지고 농담을 했습니다. 그러면 이 친구는 나에게 와서 "네 말을 듣고 이 옷을 샀더니 사람들이 안 어울린다잖아. 책임 져"라고 합니다. 농담조로 말하든 진지하게 말하든, 이 말 속에는 진심이 담겨 있습니다. 마치 중고생 아이들이 아침에 늦게 일어나선 "엄마가 깨우지 않아서 지각하게 생겼잖아"라고 하며 책임을 전가하는 심리와 비슷합니다.

그럼에도
내가 돌봐야
할 사람

나이가 들수록 '긴 병에 효자 없다'는 말에 절실히 공감하게 됩니다. 부모가 아프면 자식이 돌보는 게 당연한 일입니다. 하지만 간병만큼 사람을 지치게 하는 일도 드뭅니다.

가장 일차적인 문제는 환자나 환자 가족이 경제적으로 넉넉하지 않을 때 발생합니다. 부모님이 아플 경우, 형제들끼리 입원비나 수술비를 어떻게 부담할 것인지를 놓고 신경전이 벌어지곤 합니다. 형은 잘사는 동생이 좀 더 냈으면 하고, 동생은 당연히 재산을 물려받을 형이 더 내야 한다고 생각합니다. 그러다 형제간의 우애에도 금이 가고 결국 서로 상처를 받습니다.

돈 문제가 해결됐다 해도 계속 병원을 왔다 갔다 하다 보면, 생활 리듬이 깨져버리고 너무 피곤하기 때문에 자연히 예민해질 수밖에 없습니다. 특히 시아버지나 시어머니가 심하게 편찮으실 때 부부 싸움이 많이 벌어집니다. 시부모님을 간병하다 보면, 아이들에게 신경을 쓸 수가 없습니다. 학원에서 늦게 끝나는 아이를 데리러 갈 수도 없고, 집에 엄마가 없으니 아이들은 공부는커녕 밤새 컴퓨터 게임만 합니다. 어쩌다 병실을 비웠을 때 시부모님이 실수로 다치기라도 하는 날이면, 남편에게 싫은 소리를 듣게 됩니다. 집과 병원을 오가며 정신없이 노력한 것은 하나도 인정받지 못하고 나쁜 얘기만 들으니, 나는 정말 서럽습니다.

이런 일들이 작은 상처로 쌓이다 보면, 나중에는 아픈 시부모님이 원망스럽습니다. 그러다 곧 그런 마음을 품는 자기 자신이 싫어지면서 큰 죄책감에 휩싸입니다.

우울증 환자와 함께 사는 것도 쉬운 일이 아닙니다. 우울증 환자들은 몸은 멀쩡하지만, 일단 우울감이 심해지면 아무것도 하지 못합니다. 온종일 기운 없이 누워만 있다가 오후 서너 시가 되어야 겨우 일어나는 경우도 있습니다. 사회생활은 언감생심, 집안일도 전혀 할 수 있는 컨디션이 아닙니다. 옆에 있는 내가 해줄 수 있는 이야기라곤 "얼른 병원에 가보자" "운동을 시작해보는 게 어때" 정도인데, 그때마다 이들은 알았다고 하면서 번번이 실행하기를 미룹니다. 결국 옆에 있는 내가 부양도 해야 하고, 밥도 차려 먹여야 하고, 청소나 빨래도 해줘야 합니다.

이렇게 계속해서 뒤치다꺼리를 하다 보면, 폭발합니다. 우울증 때문에 그런다는 것을 누구보다 잘 알지만, 화가 나는 걸 어쩔 수 없습니다. 그러나 곧 우울해하는 그 사람에게 화를 내는 나 자신이 밉고 싫어지면서, 상처를 받습니다.

이렇게 몸이나 마음이 아픈 사람들의 경우, 전혀 의도한 것은 아니지만 우리에게 끊임없이 작은 상처를 주곤 합니다. 그래서일까요. 어떤 때는 이들을 떠나고 싶은 충동이 일기도 합니다. 그렇다고 이들을 포기하거나 저버릴 순 없습니다. 아무 죄 없는 이들의 상황에 눈감아버릴 때, 우리의 양심은 더 큰 상처를 입기 때문입니다. 이들을 버린 기억은 평생 씻을 수 없는 상처가 되어 두고두고 나를 괴롭힙니다.

몸이나 마음이 아픈 사람들의 경우,
전혀 의도한 것은 아니지만 우리에게
끊임없이 작은 상처를 주곤 합니다.
그렇다고 이들을 포기하거나 저버릴 순 없습니다.
아무 죄 없는 이들의 상황에 눈감아버릴 때,
우리의 양심은 더 큰 상처를 입기 때문입니다.

그러니 나를 위해서라도, 나중에 후회하지 않기 위해서라도, 조금만 참고 이들을 도와야 합니다. 가끔 너무 힘들어서 한계에 도달했다 싶으면, 잠시 다른 사람에게 이들을 돌봐달라고 부탁하고 나만의 시간을 가져도 괜찮습니다. 이들이 우리에게 도움을 청했듯, 나 역시 누군가에게 도움을 청하면 되는 것입니다. 내 상태가 좀 나아졌을 때, 그때 다시 이들 곁으로 돌아가도 늦지 않습니다.

확실한 것은 이런 괴로움이 평생 가지는 않는다는 사실입니다. 그러나 이들을 버리지 않고 끝까지 도왔던 경험은 아마 내 인생 전체를 통틀어 힘든 일이 있을 때마다 두고두고 떠올릴 수 있는 소중한 기억이 될 것입니다. 나아가 내 정신력을 더욱 단단하게 해주는 크나큰 원동력이 될 것입니다.

문제는 의존형 인간들

그런가 하면 의존이 일상화된 이들도 있습니다. 이른바 '의존성 인격장애'를 앓고 있는 이들입니다. 이들은 타인의 충고와 보장 없이는 일상적인 일조차 결정을 내리지 못합니다. 특히나 인생의 매우 중요한 영역까지도 떠맡길 수 있는 타인을 반드시 필요로 합니다. 자신의 일을 혼자서 시작하거나 수행하는 것조차 어려워하죠. 당연히 자신감이 있을 리 없고요. 지지나 칭찬을 잃을까 두려운 마음에 타인, 특히 자신이 지금 의지하고 있는 사람에게는 반대 의견조차 말하지 못합니다. 대신 누군가의 보살핌과 지지를 얻기 위해서는 설령 그것이 다소 불쾌한 일이더라도 마다하지 않는 이중적인 모습을 보입니다. 앞서 무슨 일이 있을 때마다 친구에게 전화를 걸어 자기 이야기만 잔뜩 하고 꼭 의견을 묻는 여자의 경우도 일정 부분 이런 유형에 속한다고 볼 수 있습니다.

흔히들 의존적인 사람을 보면, "어릴 때 부모가 아이를 독립적으로 키우질 않았구먼"이라고 말하기 쉽습니다. 엄마가 아이 일에 사사건건 간섭하고 아이 일을 자기가 대신 다 해주는 바람에, 아이가 의존적으로 컸다고 여기는 것인데요. 이런 이야기를 듣는 엄마들은 사실 좀 억울할 수 있습니다.

아이가 유독 몸이 약한 경우, 엄마는 아이를 끼고 있을 수밖에 없습니다. 혹은 아이가 지나치게 예민해서 잠을 잘 못 자고, 사소한 일에도 심하게 울어 끊임없이 엄마 손을 타야 하는 경우도 있습니다. 너무 산만하고 장난이 심한 아이는 잠시만 눈을 돌리고 있어도 다치는 일이 수두룩하기 때문에, 엄마의 각별한 주의가 요구됩니다. 이 밖에 유난히 겁이 많거나 분리 불안이 심해 엄마에게 딱 붙어 있는 아이도 있습니다.

이처럼 유별난 엄마가 아이를 의존적으로 만드는 것이 아니라, 유별난 아이가 엄마의 과보호를 유발하는 경우도 허다합니다. 아이가 의존적 성향을 타고나서 부모가 아이를 과보호하게 되고, 부모가 아이를 과보호하니 아이가 더 의존적으로 변하는 악순환이 계속되는 것이죠(우리는 흔히 부모가 아이의 성격 형성에 많은 영향을 끼친다고 생각하는데, 이와 반대로 아이가 부모의 성격 형성에 지대한 영향을 끼치는 경우도 상당히 많습니다).

이렇게 자란 아이는 늘 내면이 불안정해 성인이 되어서도 항상 누군가가 옆에 있어야만 한다고 생각합니다. 사랑하는 사람이 곁을 떠날까 봐 늘 두렵습니다. 그리고 마치 엄마가 자신에게 끝없는 애정을 베풀었던 것처럼, 사랑하는 상대 역시 자신의 끊임없는 요구를 다 들어주었으면 하고 바랍니다. 그러나 나는 이들의 엄마가 아니기에, 끝을 모르는 이들의 기대치에 곧 지치고 맙니다.

웃으며 작별해야 할 때

이들이 내게 자신이 어떻게 하면 좋겠냐고 물어올 때는 확답을 피하는 것이 좋습니다. 언급한 것처럼 이들에게 확실한 결론을 제시했다가 그것을 이들이 받아들이기라도 하면, 나중에 책임 전가의 직격탄을 맞아야 할 수도 있기 때문입니다.

결론을 내려주는 대신, 그저 내게 그런 문제에 대해 묻는 상대의 불안과 망설임에 대해 지적하면서 공감해주는 정도로 이야기를 마무리하는 편이 낫습니다. "나 남자친구랑 헤어져야겠지?"라는 물음에 "결정하기 힘들겠네. 함께해온 시간이 있으니 바로 정리하기도 어렵겠고. 어떻게 결론을 내든 네가 감당해야 할 몫이 크겠다" 정도로 답하면 된다는 것이죠.

이들이 아무리 지긋지긋하더라도 당장 관계를 끊어버릴 필요는 없습니다. 내가 아무 쓸모도 없는 것 같다는 생각이 들 때가 있죠. 이때는 나도 힘들지만 나보다 더 힘든 이를 도우며 스스로 삶의 의미를 곱씹고 위안을 삼는 것이 현명합니다. 아무에게나 화풀이를 해가며 자존감을 유지하는 것보다는 누군가를 도우면서 자존감을 유지하는 것이 수백 배 의미 있는 일이라는 것입니다. 그런 점에서 보면, 이들은 내게 짐이 아니라 나 스스로 자존감을 세워가는 데 필요한 자양분이 될 수도 있습니다.

그렇게 이들을 도우며 차근차근 마음의 성장을 이뤄가다 어느 순간에 이르면, 온전히 내 삶에 집중하고 싶다는 생각이 드는 때가 옵니다. 그 순간이 되면, 나에게 의존하는 이들이 짐처럼 느껴집니다. 물론 '내가 이들을 돌보지 않으면, 이들이 어떻게 되겠나' 싶어 걱정이 드는 것도 사실입니다. 이들을 버린다는 생각만으로도 벌써 죄책감이 몰려와 견딜 수가 없습니다. 그렇다고 더 이상 이들을 위해 내 시간과 에너지를 빼앗겨가며 희생하고 싶지는 않습니다.

단순히 이들이 지긋지긋하게 여겨지는 것이 아니라 내 인생을 온전히 꾸려가는 데 방해가 된다는 생각이 든다면, 이는 이들과 웃으며 작별할 때가 왔다는 신호입니다. 나는 할 만큼 했습니다. 확실한 것은 내가 이들 곁에 계속 남아 있는다 해도 이들의 괴로움이 그다지 줄어들지 않을 거라는 점입니다. 내가 이들을 떠날 경우 당장은 이들이 좀 당황하겠지만, 이들은 곧 나를 대신할 새로운 누군가를 금세 만들 것입니다. 어쩌면 이 과정에서 죄책감으로 괴로워하는 나보다 이들이 훨씬 더 강인하고 단호하게 행동할지도 모릅니다. 내가 생각하는 것만큼 이들은 그렇게 나약하지 않습니다.

나는
작은 상처에
흔들리지 않는다 ·············

"잘못은 남이 했는데, 왜 내가 치료를 받아야 하죠?"

누군가가 나를 괴롭혀 생긴 마음의 병에 대해 사람들은 잘 치료받지 않으려는 경향이 있습니다. 자신을 괴롭힌 가해자는 멀쩡하게 잘사는데, 당한 나만 돈과 시간을 들여 치료를 해야 한다는 게 너무 억울하다는 겁니다.

그러나 사고로 팔과 다리가 부러졌을 때 당연히 치료를 받는 것처럼, 마음이 부러졌을 때에도 꼭 치료를 받아야 합니다. 가장 중요한 것은 '내가 낫는 것'이기 때문입니다.

작은 상처에 흔들리지 않는 삶을 위해서는 제일 먼저 내가 나아져야 하고, 내가 달라져야 합니다. 누누이 말했지만, 상대는 결코 내가 컨트롤해서 바뀔 수 있는 존재가 아니기 때문입니다. 무조건 참자는 이야기가 아닙니다. 내 행동을 바꿔 상황을 변화시켜야 합니다. 심리학에서는 이것을 '나를 이해하고, 받아들이고, 드러내고, 행동하는 것'이라 말합니다. 이렇게 상황을 바꿔나가다 보면 어느 순간 상대도 과거와 같이 나에게 상처를 주기는 어렵다는 것을 느끼고, 서서히 나에 대한 태도를 고쳐가기 시작할 것입니다. 작은 상처 하나에 마음을 다쳤던 과거의 나와는 완전히 결별하게 되는 순간입니다.

no.1 "내가 그리고 당신이
틀린 게 아니었어요"

다름 인정하기

부부 상담을 하러 한 커플이 병원을 찾았다. 잔뜩 얼굴을 찌푸린 아내와 멍한 표정의 남편은 서로를 쳐다보기는커녕 거의 등을 돌리다시피 한 채 냉랭한 기운을 쏟아내고 있었다.

"어떤 일로 오셨나요?"

"남편이랑 너무 안 맞아서요. 이 사람은 속에 뭐가 들었는지 모르겠어요. 내가 아무리 물어봐도 말도 안 하고, 조금만 말싸움이 될 거 같으면 아예 자리를 피해버려요. 답답해서 정말 못살겠어요."

아내가 먼저 속사포처럼 말을 쏟아낸 뒤 훌쩍이기 시작했다. 남편은 아내가 눈물을 보이든 말든 권태로운 표정으로 창밖만 내다보고 있었다.

"남편분께서는 뭐가 문제라고 생각하세요?"

"흠……."

그는 한동안 뜸을 들이더니 이내 결심했다는 듯 천천히 말을 꺼내기 시작했다.

"아내 말이 맞아요. 우리는 너무 안 맞습니다. 보셔서 아시겠지만, 아내가 말도 많고 잔소리가 심해요. 이랬다저랬다 하는 일도 많고."

"아니, 내가 언제 이랬다저랬다 했다고 그래? 그리고 잔소리할 짓을 안 하면 될 거 아냐? 내가 잔소리 안 하면 이불도 안 개키는 사람이!"

아내는 무섭게 쏘아붙였다. 남편은 이런 일이 하루 이틀 아니라는 듯, 한 귀로 듣고 한 귀로 흘리는 것 같았다.

"자자, 진정하시고. 두 분은 처음에 어떤 점이 마음에 들어 결혼하셨나요?"

한참 시간이 흘러 남편이 먼저 입을 열었다.

"감정 표현에 솔직하고, 나를 잘 챙겨줘서 좋았죠."

그러자 아내도 작은 목소리로 "남편이 듬직해서 믿음이 갔어요"라고 말했다.

"보세요. 아내분은 남편이 말을 안 한다고 답답해하시지만, 결혼 전에는 그런 면이 점잖고 듬직하게 여겨졌던 거잖아요. 남편분 역시 아내가 잔소리 심하고 이랬다저랬다 한다고 하셨는데, 결혼 전에는 그런 부분이 자신과 달리 감정에 솔직하고 자상한 모습으로 보였던 거고요. 엄밀히 말해 두 분은 결혼 전과 결혼 후에 달라진 게 없어요. 그런데 왜 서로에 대한 평가가 백팔십 도 바뀌었을까요?"

두 사람은 갑자기 생각이 많아진 듯 보였다.

연예인들이 이혼 사유로 가장 많이 거론하는 게 바로 '성격 차이'입니다. 얼핏 생각하면 그냥 말하기 좋은 이유라서 그러는 거겠다 싶지만, 사실 이는 비단 연예인들의 이야기만이 아닙니다. 특히 요즘에는 저희 병원에도 성격 차이 때문에 못 살겠다며 찾아오는 커플이 상당히 많은데요. 이분들이 가장 많이 하는 이야기가 바로 위의 에피소드에 들어 있습니다. 남편은 결혼 전엔 아내가 자신과 달리 감정 표현에 솔직해 예뻐 보였는데, 지금은 그런 점이 별것 아닌 일에도 호들갑 떠는 모양새로 비칩니다. 결혼 전엔 나를 잘 챙겨주는 게 좋았는데, 지금은 사사건건 간섭하고 잔소리하는 게 싫습니다. 한편 아내는 결혼 전엔 남편이 좀 무뚝뚝한 게 남자다워 보였지만, 지금은 그 점이 나와 이야기하기 싫어하는 신호로 읽힙니다. 답답해 미칠 지경입니다.

이분들이 한결같이 이야기하는 게 "당신은 틀려먹었다"는 겁니다. 자신의 생각대로 움직이지 않는 상대방이 그렇게 밉고 이상해 보일 수가 없습니다. 한번 이렇게 생각이 박히면, 다음부터는 상대의 말투나 행동이 모두 삐딱하게 보입니다. 결국 이들의 결혼생활은 막장으로 흘러가고 말죠.

그런데 이분들이 정말 착각하고 있는 게 하나 있습니다. 바로 '나만 상처받는다'라는 것이죠. 상대가 무조건 틀렸고 그로 인해 내가 상처받고 있다고 여기는 분들은 사실 나도 상대에게 상처를 주고 있을 가능성이 큽니다. 서로 다른 것을 틀린 것으로 받아들이는, 너무 기본적인 실수를 하고 있는 것입니다.

**다름을
받아들이기
힘든 이유**

인간이 다름을 받아들이기 어려워하는 것은 우선 뇌가 복잡한 것을 싫어하기 때문입니다. 아시다시피 인간의 생각은 뇌에서 비롯되는데요. 반복적으로 일어나는 생각은 해당되는 뇌의 네트워크를 더 빨리, 더 세게 흥분시킵니다. 이렇게 자꾸 쓰는 근육이 강해지는 것처럼, 자꾸 하는 생각이 더 강해집니다. 결국 뇌는 기존의 방향을 뒤집는 것을 싫어하고, 익숙한 쪽으로 생각하고자 하는 거죠. 그래서 습관을 바꾸기 어려운 것입니다.

다른 것을 받아들이려면, 일단 생각을 바꾸고 그다음에는 행동을 바꾸어야 합니다. 그러려면 당연히 쉽지 않은 노력이 뒤따라야 할 겁니다. 그런 노력을 할 의지가 충분하지 않으면, 인간은 내게 익숙한 것이 옳다고 생각하며 다른 것을 밀어내게 됩니다. 이 과정에서 인간이 흔히 갖게 되는 사고방식 중 하나가 바로 '합리화'입니다.

세상에는 하고 싶은 일과 하기 싫은 일이 있습니다. 내가 하고 싶고 내게 이익도 되는 일은 누구나 열심히 합니다. 그 반대는 안 하면 그만입니다. 문제는 내게 이익은 되는데 하기 싫은 일이나, 내게 손해가 되는데 하고 싶은 일이 있을 때인데요. 갈등 끝에 인간은 그냥 하기 싫은 것, 하고 싶은 것을 "옳은 일" "그른 일"로 포장해버립니다. 귀찮아서 안 하는 것이면서, 그른 일이라 안 하는 거라고 하는 겁니다.

다른 것을 받아들여야 할 때도 이런 합리화의 과정이 적용됩니다. 인간은 가능하면 나와 다른 사람, 다른 행동, 다른 방식에 고개를 돌리고 싶어 합니다. 나와 다른 사람과 부대껴야 할 때 무척 불편해하죠. 그러면서 나와 다른 상대의 습관은 잘못된 습관으로, 나와 다른 상대의 행동은 틀려먹은 행동으로 간주합니다. "나와 그는 달라" 대신 "나는 옳고 너는 틀려"라고 편하게 생각하고, 상대에게 '나쁨'이란 딱지를 붙입니다.

이런 경향은 상황이 안 좋아지면 더 두드러집니다. 상황이 좋을 때는 다름을 받아들이는 것까진 아니어도 그냥 피해가는 정도로 그치지만, 무언가 일이 잘못되면(사업이 망한다거나, 아이 성적이 갑자기 떨어진다거나, 매출이 바닥을 친다거나) 나와 다른 누군가에게 잘못을 돌리고자 하는 본능이 작동되고 맙니다. 그래서 부인은 남편을 탓하고 남편은 부인을 탓하고, 자식은 부모를 탓하고 부모는 자식을 탓하고, 상사는 부하직원을 탓하고 부하직원은 상사를 탓합니다. 그러면서 그들이 나와 다른 부분을 그들의 나쁜 점이라고 몰아세웁니다.

천 가지 성격, 만 가지 생각 들여다보기

하다못해 한 어미 개에게서 나온 강아지들도 성격이 제각각인데, 사람은 오죽할까요? 성격 검사를 한 번이라도 해보신 분이라면, 생각보다 사람들이 참 나와 다르다는 생각에 놀라셨을 겁니다.

대표적인 성격 유형 검사 가운데 MBTIMyers-Briggs Type Indicator라는 게 있습니다. 이미 알고 계신 분도 많을 텐데요. 이 검사에서는 다음의 네 가지 축으로 성격을 나눕니다.

외향적Extroversion vs. 내향적Introversion

감각Sensing vs. 직관Intuition

사고Thinking vs. 감정Feeling

판단Judging vs. 지각Perceiving

나는 외향적이어서 밖에 나가고 싶은데 상대는 내향적이어서 집에 있고 싶을 때, 당연히 싸움이 납니다. 눈으로 보고 손으로 만진 것만 믿는 감각 타입이 보기에, 상상을 많이 하고 철학적인 직관 타입은 현실적이지 못합니다. 반면 직관 타입은 감각 타입이 지나치게 세속적으로 느껴집니다. 논리적이고 생각을 많이 하는 사고 타입은 자신이 어떤 감정을 느끼는지가 중요한 감정 타입이 이해가 안 됩니다. 그런가 하면 무언가 한번 결정을 내리면 절대 바꾸지 않는 판단 타입들은 현재에 자신을 맞추는 유연한 인식 타입이 뭐든 흐지부지하고 끈기 없어 보입니다. 인식 타입은 판단 타입이 고집불통으로 여겨집니다.

직장생활 등 비즈니스 상황에 적용하는 데 편리한 성격 유형 검사로는 DISC라는 게 있습니다. DISC는 '주도형Dominance' '사교형Influence' '안정형Steadiness' '신중형Conscientiousness'의 약자입니다.

'주도형'은 성취욕구가 대단히 강합니다. 이들은 '시작이 반이다'를 좌우명으로 삼고, 자신이 주도적으로 상황을 이끌 때 편안해합니다.

큰 목소리로 빠르게 말하며, 직설적이면서도 요점만 간단하게 말하는 스타일이죠. 원인보다는 결과, 질문보다는 말하기(의견)에 초점을 맞추고, 본인이든 남이든 무슨 일을 하는지를 먼저 따집니다.

'사교형'은 사람들과 잘 지내려는 기질을 갖고 있습니다. 친구 따라 강남 가는 분이 있다면 바로 이 타입이죠. 남을 칭찬하고 자기도 칭찬받으려 하며, 다정하면서도 따뜻하게 기운을 북돋아주는 대화를 주로 합니다. 말 속도가 빠르며, 사교적이어서 누구와 함께하는지를 중시합니다. 듣기보다는 말하기를 좋아하며 때론 화도 내지만 감정이 오래가지는 않는 편입니다.

'안정형'은 무슨 일을 하건 일관된 태도를 보이려고 합니다. 이들의 좌우명은 '공든 탑이 무너지랴'입니다. 느릿하고 친근한 말투에, 상대의 의견에 동조하는 대화를 자주 합니다. 어떻게 일하는지를 중시하며, 말하기보다 질문하기를 좋아하는 편입니다. 단, 위험한 일 혹은 도전적인 일은 기피합니다.

'신중형'은 돌다리도 두드려 보고 건넙니다. 정확하고 치밀하게 원하는 결과를 얻어내야 직성이 풀리죠. 말수 자체가 적고 목소리도 작은 편에 속합니다. 일을 왜 해야 하며, 언제 해야 하는지를 중시합니다. 자기감정을 꼭꼭 숨기는 편이며, 팩트fact에 근거한 이야기를 적확한 단어를 사용해 말하는 걸 좋아합니다.

서로 다른 이 성격 유형들 중에도 서로 잘 맞는 조합이 있습니다. 주도형과 사교형은 외향적이고 빠릿빠릿해서, 신중형과 안정형은 내향적이고 느릿느릿해서 서로 잘 어울립니다. 한편 주도형과 신중형은 일 중심이어서 서로 보완이 된다고 느낄 수 있습니다. 사교형과 안정형은 관계 중심이어서 서로 지지가 될 수 있습니다.

상극인 조합도 있습니다. 주도형은 안정형이 소극적이고 조용해서 아무것도 하지 않는 것처럼 보여 답답합니다. 안정형은 주도형이 남을 배려할 줄 모르고 독단적이며 자기만 아는 독불장군으로 느껴집니다. 신중형은 사교형이 말 많고 떠벌리기만 할 뿐 실제로 하는 게 없어 되는 일이 없다고 여깁니다. 사교형은 신중형이 너무 꼼꼼하고 세심하고 융통성이 부족하며 비판적이라고 싫어합니다.

안 맞는다고 피할 수 없는 사이들

이렇게 서로 다른 성격은 언제나 갈등의 씨앗이 됩니다. 그냥 안 맞는 사람들은 안 보고 살면 속이 편할 텐데, 그게 쉽지만은 않습니다. 절대 피할 수 없는 사이도 있게 마련입니다.

대표적인 것이 부모·자식 간입니다. 부모는 논리적인데 자녀가 너무 감성적일 때, 부모는 자녀가 우울해하거나 짜증을 내면 "왜 그럴까?"를 먼저 생각합니다. 원인을 알아내 그에 맞춰 아이를 잘 이끌어가려고 하는 것이죠. 그런데 자녀 입장에서는 이미 "왜 그럴까?"의 답을 다 말했는데, 부모님이 이를 전혀 받아들이거나 이해하지 못한다고 생각합니다.

"공부를 해도 성적이 잘 안 나와. 그래서 공부하고 싶지가 않아." "난 아무것도 잘하는 게 없어서 앞으로 어른이 돼도 그저 그런 인생을 살 것 같아. 우울해." "집에 들어와도 재미있는 것이 없고 너무 갑갑해서 친구들과 놀다 보니 늦게 들어오게 된 거야." "아무런 강요도 하지 말고 그냥 날 내버려뒀으면 좋겠어."

아이는 이미 부모에게 자기 마음 상태를 다 털어놓았고, 자기가 왜 짜증이 나는지 왜 우울한지도 얘기했습니다. 부모는 이 말들을 액면 그대로 받아들이고, 아이가 원하는 대로 해주면 됩니다. 하지만 논리적인 부모는 구체적으로 왜 그렇게 힘든 건지, 무슨 특정한 사건이 있었던 건 아닌지를 알고 싶어 합니다. 아이로부터 시원스러운 대답이 나오지 않으면, 자기 논리대로 상황을 해석한 다음 그에 맞는 지침을 내립니다.

감성적인 아이가 "엄마, 공부 잘하는 아이들은 타고나는 것 같아. 나는 아무리 공부해도 성적이 엉망이야"라고 했을 때, 논리적인 부모는 "네가 걔네들만큼 공부에 충분히 시간을 투자한 다음 그런 말을 해야지" 혹은 "능력이 모자란다 싶으면 더 노력해야지 왜 약한 소리를 해" 같은 말을 합니다. 하지만 감성적인 아이가 원하는 것은 그런 게 아니죠. "오늘 학교에서 너무 힘들었어"라는 말에 "많이 힘들었구나. 가방 무거울 텐데 얼른 내려놓고 좀 쉬어. 엄마가 맛있는 거 해줄까?" 같은 반응을 기대하는 것입니다.

참고로 논리적인 부모가 감성적인 아이를 대할 때는 절대 길게 말해선 안 됩니다. 길게 말할수록 아이는 질리게 되거든요. 아울러 무조건 칭찬을 섞어주는 것이 좋고, 아이가 무언가를 말하면 그 말을 그대로 반복하면서 공감하고 있다는 점을 상기시켜줘야 합니다.

한편 부모가 감성적인데, 자녀가 논리적일 때도 참 관계를 풀어가기가 힘듭니다. 논리적인 자녀는 부모가 주책이라고 생각하고, 감성적인 부모는 아이가 쌀쌀맞다고 서운해합니다. 부모가 자식 걱정이 되어 뭐라고 한마디 할라치면, 논리적인 자식은 "나도 다 생각이 있어서 그러는 거야"라며 딱 잘라버립니다. 그렇게 자신을 막 대하는 자녀가 자기 친구들이나 동료들을 대할 때는 완전히 다른 사람이 되는 것을 볼 때면, 부모는 자신이 자녀에게 무시당한다는 생각에 상처를 받습니다.

시외버스터미널에 가면 지방에서 올라온 부모와 자식이 만나는 장면을 종종 볼 수 있는데요. 부모는 자식 생각을 해서 각종 밑반찬과 채소를 바리바리 싸오는데, 막상 이걸 본 자식은 "뭐 이런 걸 다 가지고 와. 여기서 사 먹는 게 훨씬 싸. 다음부터는 제발 가지고 오지 마"라고 짜증을 부리곤 합니다. 감성적인 부모는 좋은 일을 하고도 논리적인 자식에게 좋은 말을 듣지 못합니다. 논리적인 자식은 "잘 먹을게요" 한마디만 하면 되는데, 그게 잘 안 나옵니다.

이런 경우 부모가 아무리 지극정성으로 자식을 보살피려 해도, 자식은 자신에게 필요한 것이 아니면 별로 좋아하지 않습니다. 그렇기 때문에 논리적인 자식과는 아무래도 좀 감정적 거리를 두는 편이 서로를 위해 좋습니다.

직장 상사와 부하직원 역시 피할 수 없는 사이입니다. 성격도 성격이지만, 업무 유형이 한쪽은 듣기 타입이고 다른 한쪽은 읽기 타입일 때 특히 갈등이 많이 생기는데요. 읽기 타입 부하직원이 열심히 보고서를 작성해 듣기 타입 상사에게 제출할 경우, 상사는 부하직원을 불러 이미 보고서에 기록된 것을 하나씩 캐물을 것입니다. 듣지 않은 상태에서 보고서만 보고는 이해도 안 되고 안심도 안 되기 때문인 것이죠. 부하직원 입장에서는 이미 완벽한 보고서를 만들어 제출했는데, 그걸 읽어보는 게 그리 어려운 일인가 싶어 속상해집니다. 집중해서 일을 하려고만 하면 나를 호출해 시간을 빼앗는 상사가 너무 힘듭니다. 그러다 보니 표정에 불만이 드러나 버리고, 결국 이를 상사에게 들키고 맙니다.

상사는 이 부하직원이 보고서만 작성하면 일을 다 했다고 착각하는 무능한 사람으로 보입니다. 부하직원은 이 상사가 시도 때도 없이 부하직원을 불러대는 계획성 없는 사람으로 보입니다. 그렇게 서로가 서로를 어떻게 보고 있는지 어렴풋이 느끼며, 상처를 받습니다.

이들 가운데 누가 맞고 누가 틀리다고 할 수 있을까요? 각자의 일하는 방식에 따라 상사 편에 서는 분도, 부하직원 편에 서는 분도 있을 것입니다. 그렇습니다. 업무 방식에 정답이란 없습니다. 이런 경우에는 서로가 서로에게 맞춰가려고 노력해야 합니다. 부하직원은 완벽한 보고서를 제출하기에 앞서, 상사를 찾아가 진행상황을 구두로 보

고하는 게 좋습니다. 그렇게 사전에 이야기 나눈 내용을 토대로 부하
직원이 보고서를 정리해 제출하면, 상사는 그것에 대해 두 번 물어볼
이유가 없을 테니까요. 상사 역시 부하직원에게 지시를 내리기 전, 원
하는 보고방식을 미리 정확하게 공지하는 편이 좋습니다. 먼저 가벼
운 의견을 이메일로 보낸 다음, 그걸 토대로 한 차례 회의를 갖고, 그
후에 서면 보고서를 정리해 제출하라든지 하는 식으로 말이죠. 이렇
게 업무 방식을 맞춰가다 보면, 두 사람 사이의 관계가 호전되는 것은
시간문제일 것입니다.

달라야 더 좋아진다

어른들이 "사람 사는 건 어딜 가나 똑같다"라고
하는 이야기를 들어본 적 있을 겁니다. 처음에는
'왜 저러나' 했던 사람도 막상 함께 오랜 시간을
지내다 보면, '아 다 그럴 만한 이유가 있었구나' 하는 깨달음을 얻게
될 때가 많죠. 나라면 저렇게 하지 않을 거라고 다짐하면서도, 막상
내가 그 입장에 놓이면 나 역시 똑같이 행동하는 일도 비일비재합니
다. 우리가 가진 이해의 폭 안에서 받아들일 수 있는 사람들이, 생각
보다 꽤 많다는 이야기입니다.

남의 다름을 인정해야 한다는 말이, 남과 똑같이 생각하고 말해야
한다는 의미는 아닙니다. 그저 나와 다른 생각을 하고, 다른 말을 하
고, 다른 행동을 한다고 해서 그를 멀리하지만 않으면 된다는 겁니다.

나와 비슷한 생각을 하고 비슷한 말을 하고 비슷한 행동을 하는 익숙한 사람과 어울리면, 갈등할 일도 고민할 일도 없긴 할 겁니다. 하지만 순종보다는 잡종이 강한 법이죠. 건강하고 좋은 동식물을 얻기 위해서는 때때로 이종교배가 필요합니다. 우리의 정신도 마찬가지입니다.

늘 나와 비슷한 생각을 하는 사람들 사이에서는 내가 더 발전할 여지가 없습니다. 동조하는 이야기만 듣다 보면, 다른 가능성을 전혀 볼 수 없을 테니까요. 게다가 매일 똑같은 삶처럼 지루한 게 있을까요? 삶에는 변화와 재미가 있어야 합니다. 그래야 활기도 생기고, 성장도 할 수 있습니다. 이런 변화와 재미는 다름 아닌 '다름'에서 비롯된다는 것만큼 자명한 진리도 없습니다.

"똑같은 이야기를 들어도
나만 상처받아요"

감정 조절하기

내 주요 거래처의 새로 온 김 대리는 문자 메신저로 업무 이야기 나누는 걸 좋아한다. 사무실이 업무 전화를 받을 때조차 눈치가 보일 만큼 워낙 조용한 분위기라 문자 메신저가 훨씬 편하단다. 나 역시 업무 이야기 주고받은 것이 기록으로 남으니, 문자 메신저로 소통하는 게 나중에 이것저것 확인해보기에 괜찮다 싶었다.

오늘도 한창 그와 문자 메신저로 이야기를 나눴다.

"이 과장님, 굿모닝이요~"

"김 대리님도 굿모닝^^ 출근 잘하셨어요?"

"네, 그럼요. 오늘 미팅 시간 확인하려고요. 2시까지 제가 사무실로 찾아가면 되죠?"

"그럼요. 이따 미팅 때 계약서 챙겨오기로 한 거, 안 잊으셨죠?"

"ㅇㅇ"

ㅇㅇ이라니. 나는 내 눈을 의심했다. 친구 사이도 아니면서 ㅇㅇ? 아니, 자기는 대리고 나는 과장인데, ㅇㅇ이 말이 되나 싶었다. 나는 애가 나를 만만히 보는 건가, 나를 무시하나 오만 가지 생각이 다 들었다. 처음에는 화가 나다가 나중에는 슬퍼지기까지 했다.

점심시간에 동료인 박 과장에게 이 이야기를 꺼냈다. 그랬더니 박 과장이 껄껄 웃으며 "기분 나빴어? 걔 원래 그래"라는 것이다.

"ㅇㅇ이면 '응'이라는 뜻 아니야? 아니, 어떻게 거래처 사람 그것도 자기보다 직급도 높은 나한테 그럴 수가 있어?"

"별로 생각 없이 그런 것 같은데? 요즘 애들 중에 ㅇㅇ이 그냥 긍정의 뜻이라고 생각하는 애들도 많아. 아마 오전 시간이 바쁘니까 간단하게 대답한다고 한 거겠지."

"그래도 그렇지, 걔가 나를 무시하지 않고서야 그럴 수가 있어?"

나는 여전히 박 과장의 말에 수긍할 수 없었다.

"에이, 확대 해석하지 마. 정말 별 뜻 없이 그런 걸 거야. 걔 나한테도 메신저로 ㅇㅇ이라고 자주 그래."

"뭐? 그런데 기분 안 상해?"

"난 별로. 그냥 그런가 보다 했는데."

어떻게 ㅇㅇ이 괜찮다는 거지? 나는 점심시간 이후 곧바로 문자 메신저에서 김 대리를 삭제해버렸다.

· ·

똑같은 상황에 놓여도 누군가는 상처를 받고, 누군가는 아무렇지가 않습니다. 상처받는 사람 입장에서는 어떻게 그런 말을 듣고 괜찮을 수 있는지 도무지 이해가 되지 않습니다. 그러면서 둘이 함께 겪은 문제를 사소한 것으로 넘겨버리는 상대에게 또 한 번 상처를 받기도 합니다.

유독 작은 상처를 잘 받는 분들은 대체로 감정을 조절하는 데 어려움을 겪곤 합니다. 감정의 높낮이가 크다고 해야 할까요. 누군가는 조금 기분 나쁘거나 언짢은 정도의 일을 이분들은 매우 커다란 일로 받아들이고, 이를 가슴 깊숙이 새겨놓습니다. 잊어버려야 하는데, 도무지 그 일이 잊히질 않습니다. 그러면서 점점 더 상황을 자의적으로 해석합니다. 결국 '내가 꼴도 보기 싫은가 봐' '나를 무시하나 봐' '내가 정말 만만해 보이나 봐' 하는 식으로 극단적인 착각을 하고선 헤어나오기 힘든 우울감에 빠집니다.

내게 이런 우울한 기분을 안겨준 상대에게도 문제가 있긴 하겠지만, 기본적으로 내가 내 감정을 잘 조절할 수 있다면 같은 일을 겪어도 상처받지 않고 잘 넘길 수 있을 것입니다.

흔히 감정과 이성을 따로 떼어 생각하기 쉽습니다. 그러나 감정을 잘 조절하기 위해서는 이성의 도움이 반드시 필요합니다. 가만히 되돌아보면, 인간은 어릴 때일수록 감정 조절에 취약합니다. 서너 살 된 아이는 낯선 환경을 접하면, 울음부터 터뜨립니다. 어떻게 해야 좋을지 몰라 감정이 먼저 드러나는 것이죠. 하지만 일곱 살, 여덟 살이 되면, 세 살 때 울었던 일로는 울지 않습니다. 마찬가지로 스무 살 청년은 일곱 살, 여덟 살 때 울던 일로는 어지간해선 울지 않습니다. 즉, 상황을 판단하고 통제할 수 있는 지적 능력과 이성이 발달할수록 감정을 조절하는 것 역시 용이해지는 것입니다.

얼마나 다행인가요? 우리가 특별한 노력을 기울이지 않아도, 나이를 먹을수록 누구나 감정 조절을 상대적으로 수월하게 할 수 있다는 건 좋은 조짐입니다. 그러니 희망을 가지셔도 좋습니다.

지금부터는 이성이 최대한 능력을 발휘해 감정을 잘 조절해나갈 수 있도록 이것의 관건이 되는 네 가지 요소, 즉 '나의 마음' '타인' '상황' '집단 심리'를 토대로 한 감정 조절의 네 가지 단계에 대해 '이성적으로' 살펴보겠습니다.

1단계:
과거
돌이켜보기

감정 조절의 첫 번째 요소는 '나의 마음'입니다. 나의 마음을 정확히 파악하고 통제할 수 있어야 감정 조절도 성공할 수 있다는 것인데요. 이를 위해 필요한 것이 '과거 돌이켜보기'입니다.

우리의 감정은 과거, 현재, 미래에 많은 영향을 받습니다. 내가 어떤 상황에서 어떤 감정을 느끼는지는 그간 내가 경험한 과거에 의해 상당 부분 결정됩니다. 때문에 나의 과거를 감안하지 않고 현재의 감정만 들여다보며 이를 잘 조절해보겠다는 시도는 대부분 실패로 돌아가게 마련입니다.

마음이 들쭉날쭉하고 상처가 걷잡을 수 없이 나를 아프게 할 때, 나의 삶을 한번 돌이켜보세요. 어린 시절의 앨범을 펼쳐봐도 좋고, 유치원이나 초등학교 다닐 때 썼던 일기가 남아 있으면 이걸 살펴보는 것도 도움이 됩니다.

그런 기록들이 남아 있지 않다면, 차분하게 지금까지의 내 인생을 노트에 쭉 써내려가는 것도 좋습니다. 무엇부터 어떻게 써야 할지 막막할 땐 그냥 떠오르는 기억들을 두서없이 써보세요. 내 생애 최초의 기억부터 부모님께 처음 꾸중을 들었던 일, 학교에서 처음 상을 받았던 일, 첫사랑 이야기, 첫 수학여행 이야기 등 어떤 것도 괜찮습니다. 일단 첫 문장을 쓰기 시작하면 스스로도 놀랄 만큼 많은 이야기들이 술술 풀려나갈 것입니다.

과거를 돌이켜봤으면, 이제 미래에 대해 생각할 차례입니다. 과거의 여러 사건들을 하나하나 떠올리며, 그 각각의 일들에 대한 나의 감정이 현재 어떤지 차분하게 짚어보는 것입니다. 어떠한 상황에서든 인간은 희망이 있으면 참아낼 수 있습니다. 내게 다시 기회가 주어진다는 점을 확신한다면, 아무리 괴로운 순간도 견뎌낼 수 있습니다. 끝나지 않을 것 같은 고통의 순간도 결국 끝은 나고 만다는 것. 이것이 과거를 돌이켜보고 미래를 생각할 때 우리가 내릴 수 있는 가장 이성적이고 합당한 결론입니다.

화나고, 슬프고, 모욕적인 기분이 이어질 때는 지금의 이 감정이 영원할 것 같지만, 사실 그렇지 않다는 걸 나 자신이 누구보다 잘 압니다. 물론 누구에게나 어린 시절의 트라우마라는 게 있고, 그 트라우마로 인해 당시의 좋지 않은 감정이 간혹 떠오를 때도 있을 겁니다. 그렇지만 그 좋지 않은 감정이 24시간 나를 따라다니지는 않습니다. 처음 그 일을 겪었을 때는 강렬하게, 시간이 흐르면 가끔씩 흐릿하게 떠오를 뿐입니다.

감정 조절을 위한 첫 단계는 과거를 돌아보며 끝나지 않는 일, 끝없는 고통이란 없으며, 지금 내가 받는 작은 상처들 역시 시간이 지나면 아무렇지 않게 아물 것이라는 점을 인지하는 것입니다. 지금 이 감정으로 인해 분명 괴로운 것은 맞지만 시간이 흐르면 이 역시 사라질 거라는 점을 스스로 납득할 수 있다면, 좀 더 냉정하고 차분하게 감정을 제어할 수 있습니다.

2단계: 평판을 믿어볼 것

감정 조절의 두 번째 요소는 '타인'입니다. 타인을 통제할 수는 없어도, 내 곁에 어떤 타인을 둘 것인지는 스스로 선택할 수 있다는 것인데요. 이를 위해 필요한 것이 '평판을 믿어볼 것'입니다.

"당신은 내가 왜 좋아?"

연인들 사이에 흔히 오가는 질문입니다. 이 질문에 과연 정답이 있을까요? 누군가는 사람을 좋아하는 데나 사람을 싫어하는 데나 명확한 이유가 있다고 말합니다. 또 다른 누군가는 사람을 좋아하고 싫어하는 데 어떻게 이유가 있을 수 있느냐고 반문합니다.

사람을 좋아하고 싫어하는 데 관여하는 뇌의 작용은 이렇습니다. 먼저 상대에 대해 '좋다' '싫다'는 감정이 생겨납니다. 그 후 그 사람이 좋은 이유, 싫은 이유를 찾습니다. 즉, 내 감정을 합리화하는 방향으로 인간은 생각한다는 뜻입니다. 그러다 보니 좋아해선 안 될 사람, 즉 나를 망치는 사람을 좋아하기도 하고, 싫어할 필요 없는 사람 혹은 나를 도와주고자 하는 사람을 끔찍이 싫어하기도 하는 것입니다.

이쯤 되면 주변에서 "그 사람은 이제 그만 만나야 한다" "그 사람이 얼마나 좋은 사람인데 이렇게 막 대하는 거냐"라고 아무리 충고해도 들리지가 않습니다.

마음에 드는 이성이 있어 사람 잘 보기로 유명한 친구에게 선을 보였습니다. 만남을 마친 후 "어땠어?"라는 내 설레는 물음에 친구가 미지근하게 "그 남자, 조심하는 게 좋겠어"라고 말합니다. 그런데 이미 내 마음이 그 사람에게 쏠릴 대로 쏠린 지금, 이 친구의 이야기가 귀에나 들어올까요? 내 뇌는 이미 합리화를 시작해 '내가 완벽한 남자를 만나니까 얘가 질투를 하네'라고 생각하는 수준까지 갔을 겁니다. 우리의 마음이라는 게 이렇게나 제멋대로입니다.

사람을 잘 가려 사귀어야 합니다. 느끼셨겠지만, 나를 힘들게 하는 감정의 대부분은 타인과의 관계에서 비롯되기 때문이죠. 좋은 사람을 많이 사귀는 것 못지않게 폭탄을 피하셔야 할 텐데요. 본인이 유독 사람 보는 눈이 없다 싶은 분들은 그 사람에 대한 주변의 평판을 꼭 알아보시기 바랍니다. 집단 지성이라는 것이 생각보다 놀라워서, 많은 사람들에게 일관되게 나쁜 평가를 받는 사람("저 인간은 오만해" "남을 잘 가지고 놀아" "자기는 일을 안 하면서 남만 시켜")은 아무리 끌리더라도 관계를 이어가지 말아야 합니다. 반대로 모든 사람이 괜찮다고 여기는 사람인데 나만 그를 싫어하고 있다면, 그건 전적으로 내 문제일 수 있음을 명심하세요.

3단계: 상황을 행복하게

감정 조절의 세 번째 요소는 '상황'입니다. 때로는 사람을 바꾸는 것보다 상황을 바꾸는 게 훨씬 편할 수 있습니다. 때문에 가능하면 '상황을 행복하게' 만들어나가려는 노력이 필요합니다.

지금 당장 로또 복권에 당첨되어 1억 원의 상금을 받게 됐습니다. 기분이 어떠세요? 혹시 불쾌하거나 슬프거나 짜증나는 분 있습니까? 아마 단언컨대, 그런 분은 없을 겁니다.

방금 가까운 친구가 암에 걸렸다는 연락을 해왔습니다. 이번엔 기분이 어떠세요? 즐겁거나 신나거나 행복한 분 있습니까? 혹시라도 그런 분이 있다면, 정신과 진료를 받아보셔야 할 겁니다.

우리에게 상처를 주는 대상은 대부분 사람이지만, 잘 따져보면 사실 우리의 기분을 상당 부분 좌우하는 것은 사람보다는 우리가 현재

처한 상황일 때가 많습니다. 회사에서 팀장에게 "하반기에 대박 한번 내야지!"라는 말을 들었다고 해보세요. 만약 상반기에 내가 거둔 실적이 우수했다면, 그 이야기가 "자네는 잘하는 사람이니까, 믿네. 자네한테 거는 기대가 크네"로 들릴 겁니다. 하지만 반대의 경우라면, "상반기에 죽을 쒔으니 하반기에는 뭐라도 좀 해보게"로 들리지 않을까요? 팀장의 말이 이렇게 해석이 됐다면, 십중팔구 이는 내게 아픈 상처가 될 것입니다.

결국 내게 상처 주는 사람과 지지고 볶는 것보다는 상황 자체를 바꿔나갈 궁리를 해야 합니다. 보통은 집에 경사가 있다거나 회사에서 인정을 받는다거나 하는 좋은 상황이 한 가지만 있어도, 온종일 기분이 좋게 마련입니다. 그런데 이런 부분은 내 노력만으로 이뤄내기 어렵죠. 때문에 소소하게라도 자꾸 내 상황을 행복한 방향으로 끌고 가려고 노력해야 합니다.

누가 내 머리에 총을 겨누고 억지로 무언가를 시키는 상황만 아니라면, 대부분 우리는 내게 닥치는 상황을 스스로 선택할 수 있습니다. 정말 가기 싫은 거래처 접대가 잡혔습니다. 매번 빠질 수는 없지만, 오늘은 도저히 안 되겠다 싶을 땐 어떻게든 핑계를 대고 빠져나와도 괜찮습니다. 매번 그러면 곤란하지만, 한 번 그런다고 안 잘립니다. 대신 그 시간을 내가 좋아하는 친구들과 편하게 보내세요. 진정 행복해지고 싶다면, 내가 행복해질 수 있는 상황을 스스로 선택하고 그 선택에 책임질 수 있도록 행동해야만 하는 것입니다.

4단계:
집단 심리는
나 몰라라

감정 조절의 마지막 요소는 '집단 심리'입니다. 대다수의 생각과 행동에 지나치게 몰입하다 보면, 자꾸 나와 그들을 비교하면서 마음이 흔들리게 됩니다. 남의 의견에 귀 기울이며 이성적인 판단을 하는 것은 물론 필요한 일이지만, 남의 이야기에 휩쓸려 나를 잃어버리는 우를 범해선 안 됩니다. 때로는 '집단 심리는 나 몰라라' 하는 태도가 필요합니다.

집단 심리라고 하면 대단한 말 같지만, 사실 이는 굉장히 흔한 심리현상입니다. 가장 대표적인 집단 심리는 '유행'이겠죠.

친구끼리 모이면 "명품 가방 하나쯤은 가지고 있어야지"라고 말하는 분들이 생각보다 꽤 많습니다. 이런 말을 들으면, 명품에 전혀 관심 없던 분조차 왠지 가방 하나 정도는 마련해야 할 것 같은 압박감을 느끼게 됩니다. 진짜 명품은 너무 비싸니 짝퉁이라도 사야겠다 싶을 정도입니다. 그렇게 짝퉁 명품 가방을 하나 샀습니다. 그런데 다음 모임에 그 가방을 가지고 나갔더니 자타공인 명품 전문가인 친구가 "너 이거 짝퉁이지?"라며 대번에 알아봅니다. 부끄럽고 수치스러운 마음에 그날로 당장 백화점에 출동하여 십이 개월 할부로 진짜 명품 가방을 장만합니다.

자, 그래서 나는 뿌듯할까요? 내가 정말 갖고 싶어서 산 것이 아니라, 친구들에게 무시당하기 싫어서 산 명품 가방이 진짜 흡족할까요? 얼마 후 카드값이 빠져나가는 그날이 오면, 갑자기 제정신이 돌아오

내 감정의 주인은 나여야 합니다.
모두가 비관에 빠져 있을 때도,
될 것 같다 싶으면 희망을 가지세요.
이것이야말로 나 스스로 내 상황을
행복하게 이끌어가는 길이기도 합니다.

며 '내가 무슨 미친 짓을 한 건가. 나는 자존심도 없나' 하는 생각에 더 큰 상처를 받을지도 모릅니다. 그럼에도 이렇게 남들 가지고 있는 건 나도 하나쯤 가져야 한다고 하는 집단 심리에 굴복해, 쓸데없는 물건을 사고 쓸데없이 돈을 쓰는 분들이 한둘이 아닙니다.

어디 그뿐인가요. 모두가 입을 열지 않는 암묵적 동조의 분위기 속에서는 '이건 아닌데…' 하는 생각이 들어도 제대로 말을 꺼낼 수가 없습니다. 남들이 뭐라고 할까 봐 두렵고, 괜히 혼자 "No"라고 했다가 찍힐 것 같아 걱정인 것이죠. 행여 남들과 조금 다른 의견을 내기라도 한 날이면, 뭐라고 하는 사람이 없어도 먼저 알아서 주절주절 핑계를 댑니다.

참 이상한 일입니다. 우리는 남의 눈치를 너무 많이 보고 삽니다. 전 국민이 기뻐할 때는 내게 좋은 일이 없어도 왠지 기뻐하지 않으면 안 될 것 같은 강박관념에 사로잡힙니다. 아마 2002 한일 월드컵 때 우리나라가 4강에 진출한 날 혼자 절망에 빠져 있던 분이 있다면, 그분은 무언가 자기가 죄를 지은 것 같은 기분까지 함께 느꼈을지도 모릅니다. 그런데 이게 말이 되는 이야기인가요? 내가 속상하면 속상한 일이지, 남이 즐겁다고 해서 나까지 그래야 한다는 법은 정말 어디에도 없습니다.

내 주관이 확실해야 합니다. 내 감정의 주인도 나여야 합니다. 모두가 비관에 빠져 있을 때도, 될 것 같다 싶으면 희망을 가지세요. 사람들이 이유 없이 누군가를 매도하고 따돌릴 때도 나만은 이성을 지켜야 합니다. 내 의견, 내 감정에 충실하지 않은 채 남들의 의견과 감정만을 따라가다 보면 어느 순간 스스로가 무척 부끄러워지면서 그것이야말로 깊은 상처가 되어버리고 맙니다. 하지만 내 주관을 지켜간다면, 당장은 눈치가 보여 심장이 두근거릴지라도 나중에는 스스로가 자랑스러워질 것입니다. 그리고 이것이야말로 나 스스로 내 상황을 행복하게 이끌어가는 길이기도 합니다.

**"더는 만만해
보이기 싫어요"**

상처받지 않는 힘 키우기

"야, 너 왜 이렇게 늦게 왔어?"

"미안해. 내가 보낸 문자메시지 못 봤어? 십 분 늦는다고 했는데. 차가 너무 막히더라고."

"문자만 보내면 다냐? 자식이 빠져가지고. 오늘 밥은 네가 쏴!"

만날 때마다 늦게 오던 녀석이 어쩌다 한 번 일찍 도착해서는 있는 생색, 없는 생색 다 내고 있다. 고작 십 분 늦은 걸 가지고 밥을 사야 한다면, 이 자식은 그간 나에게 밥을 백 번은 샀어야 했을 거다.

"야, 밥 먹으러 가자."

"어? 그러고 보니 민수는?"

"몰라. 식당 어디로 오라고 메시지 남겨놓지 뭐. 배고프다, 가자!"

둘이 밥을 먹고 있는데, 민수가 도착했다.

"쏘리. 좀 늦었다."

"얼른 주문부터 해. 우린 거의 다 먹었다."

음…. 이건 뭐지? 내가 십 분 늦은 것 가지고는 빠졌다느니 밥을 쏘

라느니 하던 녀석이 민수한테는 찍 소리 한마디 못 한다.

"야, 민수 네가 늦게 왔으니까 밥은 네가 사."

억울한 마음에 민수한테 한소리를 했다. 민수는 웃으며 "알았어, 알았어. 얼른 먹기나 해"라고 손사래를 쳤다.

"뭔 소리야. 네가 쏘기로 해놓고. 민수야, 오늘은 애가 쏠 거니까 마음껏 주문해."

아니, 저 자식이? 고작 십 분 늦은 내가 삼십 분 늦은 민수보다 잘못했다는 건가? 너무 억울했다.

그러고 보니, 그전에도 항상 그랬던 것 같다. 셋이 만나면 저 자식은 늘 민수한테는 아무 말도 못 하면서, 매번 나만 죽어라고 놀려댔다. 내가 목소리도 작고 몸집도 작다고 나를 무시하는 건가? 내가 그렇게 호락호락해 보이나?

"아니야, 내가 늦었으니까 오늘은 내가 쏠게. 야, 더 시켜."

활짝 웃으며 이야기하는 민수가 왠지 더 얄미워 보였다.

· ·

'도토리 키 재기'라는 말이 있습니다. 서로 수준이 비슷한 두 사람이 서로 낫다고 우기는 경우를 말합니다. 이런 두 사람이 서로 싸울 때는 상대의 허점을 찾아내 그것을 공략해야 이깁니다. 그런데 그것이 영원한 승리를 의미하진 않습니다. 이번에는 내가 '너 자꾸 그런 식으로 나오면, 지난 주 노트 필기 안 빌려준다"는 말로 상대를 이겼을지라도, 다음번에는 "네 여자친구한테 너 옛날 사진 풀어버린다"는 협박을 한 친구에게 질 수 있다는 것이죠.

둘 사이의 싸움을 끝내는 궁극적인 방법은 힘의 균형을 무너뜨리는 것입니다. 즉, 내가 정신적으로 성장해 상대와 상황을 바라보고 판단하는 레벨이 높아질 때 싸움이 사라진다는 의미입니다. 초등학생들끼리는 사소한 일을 가지고도 싸우지만, 초등학생이 아무리 심각하게 싸움을 걸어도 다 큰 어른 입장에서는 그게 귀여운 장난 정도로 보이는 것처럼 말입니다.

모두 내가 좋아하고 친한 친구들이지만, 그중에도 만만해서 놀려먹기 좋은 친구가 있는가 하면 왠지 조금 어렵다거나 때때로 동경심이 느껴지는 친구도 있습니다. 이 '조금 어려운 친구'들을 가만히 살펴보면, 대개 나보다 우월한 점을 최소한 한두 가지는 갖고 있는 걸 알 수 있습니다. 나보다 훨씬 잘생겼다거나, 집이 잘산다거나, 공부를 잘한다거나, 친구들이 잘 따른다거나, 생각이 깊고 신중하다거나 하는 식으로 말이죠.

그런데 더 자세히 들여다보면, 잘생겼거나 잘살거나 공부를 잘하는 친구라고 해서 모두 그렇게 느껴지는 건 아니라는 것도 알 수 있습니다. 잘생겼어도 허당이라 매일 놀림받는 아이가 있고, 잘산다 해도 만만해 보이는 아이가 있고, 공부를 잘한다고 해도 왠지 하나도 안 부러운 아이도 있습니다.

그렇다면 '조금 어려운 친구'들의 공통점은 과연 무엇일까요? 그렇습니다. 바로 성격과 인품, 평판입니다. 이 친구들은 또래에 비해 생각의 각도와 폭이 남다릅니다. 그래서 같은 문제를 놓고도 굉장히 현명하게 판단을 잘합니다. 남을 돕는 데도 인색하지 않습니다. 그러다 보니 이 친구에 대한 평판이 어딜 가나 좋습니다. 이런 친구들은 왠지 건드려선 안 될 것 같습니다.

상처받지 않는 힘을 갖추려면, 궁극적으로 이런 친구들이 가진 면들을 닮아가야 합니다. 지금부터 이를 위해 필요한 준비운동을 하나하나 알아보겠습니다.

마음 건강을 지키려면 몸 건강부터

작은 일에도 상처받지 않기 위해서는 마음의 기초체력이 튼튼해야 합니다. 계속 달리기만 하고 제대로 먹지도 자지도 않으면, 사람은 탈진하게 마련입니다. 마음도 마찬가지여서, 계속 감정을 소모하기만 하면 언젠가는 탈이 나고 맙니다.

대표적인 것이 만성질환에 시달리는 환자를 둔 가족들입니다. 이분들은 나보다 늘 환자가 우선이다 보니, 나의 몸 상태는 물론 마음 상태까지 잘 살피지 않습니다. 그러나 앞서도 말씀드린 것처럼 긴 병에 효자 나기 힘든 법입니다. 누구의 잘못이 아니라 상황이 그렇게 된다는 것이죠. 그래서 저희 병원에도 의외로 가족을 간병하다가 너무 힘들다고 찾아오는 분들이 많습니다. 이분들께는 환자를 이렇게 대하라, 저렇게 대하라는 말보다, 우선 본인이 건강해야 한다고 말씀드립니다. 환자를 돌보는 시간을 조금 줄인 다음, 그 시간에 잘 챙겨먹고 틈나는 대로 운동도 하고, 정신적인 즐거움도 찾을 수 있게 짧게라도 여행을 가거나 여가를 즐겨야 한다는 거죠.

많은 분들이 간과하시는 점 중 하나가, 마음의 기초체력을 구축하는 데는 건강한 신체가 필수요소라는 부분입니다. 내 몸이 아프면, 정신도 무너져 내리게 마련입니다. 긴 시간 병을 앓아온 환자분들은 대개 시간이 지날수록 성격이 예민해집니다. 같은 얘기를 들어도 더 민감하게 반응하고, 마음의 상처도 잘 입는 편입니다.

이를 역으로 생각해보세요. 본인이 남보다 상처를 잘 받는 예민한 성격이라면, 먼저 몸의 건강부터 챙기는 것이 순서입니다. 단단한 체력과 넘치는 활력을 지니게 되면, 성격도 조금씩 긍정적으로 바뀌게 마련이니까요.

열등감을 줄이기 위하여

사실 내가 가진 여러 요소들 가운데 타인의 지적으로 상처받는 부분은 거의 한두 가지로 좁혀질 때가 많습니다. 그것이 바로 나의 약점, 엄밀히 말해 열등한 지점이겠죠. 이 점을 최소한으로 줄이거나 없애나가거나 해야 합니다. 이것이 힘들다면, 남의 눈에 이 부분이 전혀 보이지 않도록 조치를 취해야 합니다.

논리적으로 생각하는 것이 강점인 사람은 그 능력이 최대한 발휘되는 영역에서는 승승장구하겠지만, 타인의 감정을 잘 헤아리지 못해 애를 먹을 수 있습니다. 그렇다면 자신에게 누군가가 힘든 점을 털어놓는다거나 다른 감정적인 반응을 보였을 때 상대 입장에서 충분히 생각한 다음 말을 꺼내는 연습을 해나갈 필요가 있습니다. 반대로 감정적인 성향이 강한 사람은 남의 입장에서 생각해보기 전에 스스로의 입장을 먼저 점검하고 결단을 내려보는 연습을 해나갈 필요가 있을 겁니다.

나의 약점이 물리적으로 확실히 눈에 띄는 부분, 예를 들어 머리숱이 적다거나 뚱뚱하다거나 말이 너무 느리다거나/빠르다거나 하는 부분이고, 그로 인해 주변에서 자주 놀림을 받는다거나 나 스스로 열등감이 생겨난다면, 무슨 수를 써서라도 그 부분을 보완해나가는 게 좋습니다.

그런데 아무리 노력해도 바꾸기 힘든 것들이 있죠. 타고난 외모나 키, 경제적 수준, 학벌 이런 것들은 아예 바꿀 수 없거나 바꿀 수는 있어도 현실적으로 그렇게 하기가 쉽지 않은 요소들입니다. 이럴 때는 그 부분에 지나치게 신경 쓸 것이 아니라, 그 부분은 포기하고 내가 잘할 수 있는 것을 하나쯤 찾아야 합니다. 적어도 이것 하나쯤은 내가 어디 가서 빠지지 않게 잘할 수 있다 싶은 게 있으면, 남이 나에게 뭐라고 하더라도 상처가 오래가지 않고 스스로 위안이 됩니다.

직장에서는 동료들에게 매일 놀림받는 남자라도 집에 있는 아내와 자녀가 나를 왕처럼 대접해준다면, 그는 괴로움을 금세 잊을 수 있습니다. 비록 경제적으로는 넉넉지 않지만 내가 빠지면 돌아가지 않는 친구들 모임을 갖고 있다면, 그 역시 내게 정신적으로 든든한 버팀목이 됩니다. 주중에는 제대로 되는 일이 없어 주눅이 들어 있다가 주말에는 동네 조기축구회의 스타로 활약하는 사람은 자존감이 낮을 수가 없습니다. 공부도 못하고 운동도 못하고 특별할 게 없는 아이라도 노래 하나는 기막히게 잘해서 친구들의 부러움을 산다면, 어깨가 으쓱할 겁니다.

아무리 사소한 것이라도 상관없습니다. 남보다 잘하는 것이 하나쯤 있다는 것은 생각보다 큰 위안이 됩니다. 그러니 자신이 잘하는 게 뭔지 생각해보고 그것을 잘 갈고 닦는 것이 중요합니다.

타인에 대한 기대치 낮추기

어렸을 적 우리는 부모님으로부터 무조건적으로 모든 것을 받기만 하며 살았습니다. 그렇기 때문에 어릴 때는 세상도 나에게 무조건적으로 베풀기만 할 거라고 생각하곤 합니다. 그러한 기대는 어린이집, 유치원, 초등학교, 중학교, 대학교를 가면서 서서히 무너집니다. 그러다 직장생활을 하고 결혼생활을 하면서 완전히 사라지게 됩니다. 결국 성인이 되어간다는 것 자체가 타인에 대한 높은 기대치를 줄여가는 과정이라고도 볼 수 있습니다.

그런데 간혹 이 과정이 제대로 이루어지지 않아, 성인이 된 후에도 여전히 받는 데만 익숙한 분들이 있습니다. 이들은 이 세상이 일방적으로 받기만 하고 살 수 있는 곳이 아니라는 것을 이해하지 못합니다. 타인에 대한 기대치가 높은 이들은 항상 남들이 자신을 위해 무언가를 해줘야 한다고 생각합니다. 내가 부탁하면 남들이 당연히 들어줘야 한다고 여기고, 만에 하나라도 거절을 당하면 지울 수 없는 상처를 받습니다.

그러나 내가 먼저 무언가를 주지 않으면, 나도 받을 수 없는 것이 세상 이치입니다. 반대로 누군가가 나에게 하나를 주면, 나도 그에 대해 하나를 줘야만 합니다. 타인에 대한 기대치가 높은 이들은 이렇게 주고받아야만 하는 관계가 낭만적이지 않고 계산적이라고 생각하지만, 어떻게 보면 일방적으로 바라기만 하는 나 자신이 이기적일 수도 있는 것입니다.

이렇게 타인에게 물리적인 도움을 바라며 그에 대한 기대치를 높게 갖는 것도 문제이지만, 정신적으로 타인에게 지나치게 기대려는 심리도 문제입니다. '저 친구는 언제나 내 고민을 잘 들어줘서 상담하기에 좋아'라고 하는 분들은 간혹 그 친구가 "오늘은 너무 피곤해서 못 만나겠어"라든가 "네 얘기가 오늘은 좀 지친다. 다음에 이야기하면 안 될까?"라고 하는 말에 상처를 받습니다. '어떻게 네가 나한테 이럴 수 있어?'라는 생각에 배신감마저 느낍니다. 하지만 그 친구 입장에서 보면, 나는 자기 고민이나 불만거리, 즉 감정 쓰레기를 끊임없이 투척해 에너지를 쏙 빠지게 만드는 괴로운 상대일 수 있습니다.

타인은 나와 똑같은 사람일 뿐 늘 자비로운 성자聖子가 아닙니다. 그들도 나처럼 일방적으로 받기만 하는 얌체들을 미워하고, 부정적인 이야기는 듣기 싫어하는 평범한 사람일 뿐입니다. 혹은 평범한 사람 그 이하의 사람일 수도 있습니다. 이렇게 기대치를 낮춰 놓으면, 그에게 실망하여 상처받을 일은 없을 것입니다. 물론 그가 내 기대보다 훨씬 더 괜찮은 사람이라는 걸 확인했을 때는 기쁨이 두 배가 될 테죠.

"이제 좀 편하게 살고 싶어요"

상처받지 않는 인생 설계하기

갓 스무 살이 되어 처음 모이게 된 초등학교 동창들. 중고등학교 때 연락이 닿지 않았던 그리운 친구들까지 이번 동창회에서 볼 수 있다고 생각하니 무척 설렜다. 그러나 솔직히 말하면 설렘보다는 걱정이 앞섰다. 그 시절 나를 괴롭혔던 그 아이가 나올지도 모른다는 생각에 벌써부터 가슴이 쿵쾅댔기 때문이다. 남들은 어린 시절의 다 지나간 일들이 뭐 그리 상처가 되느냐고 반문할지 모르지만, 내게는 그때 그 아이가 나를 자기 지갑 훔쳐간 도둑으로 몰았던 기억이 아직도 쓰리게 남아 있었다.

"야, 어서 와. 넌 하나도 안 변했다."

내가 도착했을 때는 이미 친구들이 절반 이상 모여 있는 상황이었다. 아는 얼굴도 많이 보였다.

"너 애랑 연락 안 했어? 애는 워낙 발이 넓어서 우리 반 애들이랑 거의 다 연락하고 지냈을 걸?"

그렇다. 내 별명은 오지랖이 넓다고 해서 '오지라퍼'다. 그만큼 여기저귀 안 끼는 데가 없고, 안 만나는 사람이 없는 편이다.

"야, 근데 나하고는 연락을 딱 끊었네. 서운하다, 너."

갑자기 반갑지 않은 얼굴이 툭 튀어나오더니, 나에게 한마디를 던진다. 심장이 쿵. 그 아이다. 결코 보고 싶지 않던 그 얼굴.

'뭐? 나한테 서운하다고? 네가 내게 저지른 일은 기억도 못 한단 말이야? 뻔뻔한 것.'

나는 서둘러 표정을 감추며 반가운 척 인사를 했다.

"오랜만이다. 잘 지냈어?"

"나야 잘 지냈지. 너 ㅇㅇ대학 들어갔다며? 공부 잘했나 봐? 예전엔 반에서 중간도 안 되지 않았나? 나보다 못했잖아."

"아···. 그랬지. 나중에 중학교 가서 성적이 좀 올랐어."

"하긴, 네가 절박하긴 했지. 왜 너희 집 되게 못살아서 네가 공부 못하면 계속 가난하게 살아야 할 것 같다고 내 앞에서 울면서 이야기하고 그랬잖아."

그날 내가 그 자리를 어떻게 벗어났는지 기억조차 안 난다. 그 아이는 열세 살 때와 달라진 게 하나도 없었다. 여전히 아무렇지 않은 표정으로 독사 같은 말을 내뱉으며, 내 몸에 채찍질하듯 작은 상처들을 무수히 새겨넣었다. 그러고 보면 오늘 난 이런 일이 생길지도 모른다고 진작 걱정했었다. 그런데 대체 왜 이 자리에 온 걸까.

꼭 그러지 않아도 되는데, 옆에서 보기에 안쓰러울 정도로 아등바등 살아가는 사람들이 있습니다. 그렇게 사는 데에는 저마다 다른 이유가 있겠지만, 한 가지 확실한 것은 이렇게 너무 열심히 살아가는 분들 가운데 유독 작은 상처에 취약한 분들이 많다는 것입니다.

왜 그럴까요? 이분들은 자기가 가진 것에 집착을 하기 때문에, 행여라도 이것을 조금이라도 잃었을 땐 걷잡을 수 없는 허탈감에 빠지고 맙니다. 특히 사람 욕심이 많은 분들은 누군가가 뒤에서 자기 욕을 한다는 걸 알았다거나 내 부탁을 거절하거나 하는 일을 겪었을 때, 많은 상처를 받습니다. 마치 내 존재가 무시당한 듯한 기분을 느끼는 것이죠.

또 하나, 이분들은 그렇게 열심히 살아가는 데 너무 많은 에너지를 쓰기 때문에, 감정적인 타격을 입었을 때 이것을 회복하는 데 들일 수 있는 에너지가 거의 없습니다. 회복이란 몸과 마음에 어느 정도 여유가 있어야 빠르게 이루어질 수 있는 것인데 이분들은 거의 그로기 상태가 될 만큼 열심히 살다 보니, 한번 감정적으로 나락에 빠지면 다시 일어날 힘을 충전할 때까지 많은 시간을 필요로 하는 것입니다.

앞뒤 돌아보지 않고 열심히 달려가면서 내 욕심을 줄이지 못하는 사람은 그런 자신의 성향 때문에 마음 곳곳이 작은 상처투성이라는 사실을 인식하지 못합니다. 그러다 그런 작은 상처들이 곪고 곪아 참을 수 없이 욱신거리게 되면, 그대로 땅바닥에 주저앉고 맙니다.

지금부터라도 이런 일이 없도록 상처 없는 인생을 만들기 위해 노력해야 합니다. 상처받지 않고 살아가려면, 마음을 좀 내려놓고 편해질 필요가 있습니다. 그런 편한 인생을 설계하기 위해 반드시 염두에 두어야 할 몇 가지 지침을 말씀드리려 합니다.

세상에 맞서지 말자

성공 전략을 분석해놓은 책들을 살펴보면, 대부분이 남들과 반대로 행동해야 한다고 조언합니다. 투자 전략 가운데 '역발상 투자'라는 말이 있을 정도죠. 사람들은 아무도 눈여겨보지 않을 때 무언가에 관심을 기울여 성공한 이들에게 '선견지명이 있었다'며 칭찬합니다. 하지만 세상이 움직이는 방향과 반대로 움직였던 이들 대부분은 실패했습니다. 시대를 앞서간 이들 대다수는 망했다는 이야기입니다.

사람들은 망한 회사를 다시 살려내거나, 무너진 조직을 재건한 이들에 대해서도 '영웅'이라 칭송합니다. 하지만 망한 회사에 계속 집착하거나 무너진 조직에 끝까지 남아 있던 사람이 좋은 결말을 맞은 경우는 극히 드뭅니다. 이들 대부분은 더욱 더 참담한 실패를 맛보아야만 했습니다.

대세를 거스르고 운명을 거부해서 성공하기 위해서는 우선 능력이 탁월해야 하고 노력이 뒷받침되어야 합니다. 여기에 덧붙여 가장 중요한 것이 바로 '행운'입니다. 행운이 따르지 않으면, 아무리 능력이 탁월하고 노력이 대단해도 큰 성공을 이루기 어렵습니다. 그런데 매스컴에서는 이렇게 극히 예외적인 성공 사례를 일반화시켜, 마치 누구나 그런 사례를 이루어낼 수 있는 것처럼 떠들어댑니다.

이들과 비교하면, 나 자신이 너무나 초라하게 느껴질 수 있습니다. 그래서 이들이 실행했다는 성공 전략을 나도 똑같이 따라 해보려고 애쓰기도 합니다. 그렇게 죽기 살기로 열심히 살아가지만, 결과는 그리 녹록지 않습니다. 게다가 그 죽기 살기의 과정에서 내가 받는 상처는 너무나도 큽니다.

더는 이렇게 살 필요, 없습니다. 거듭 강조했다시피 세상의 흐름을 거슬렀던 사람들 대부분은 망했습니다. 위험에 맞서는 대신 달아나는 것은 절대 비겁한 행동이 아닙니다. 오히려 현명한 행동입니다. 인생을 살다 보면, 일이 안 풀릴 때도 있고 잘 풀릴 때도 있습니다. 일이 잘 풀릴 때 더 열심히 하고, 일이 안 풀릴 때는 몸을 사려도 괜찮습니다. 운명의 결에 맞춰 열심히 살아가면 그뿐입니다.

필요 이상 소유하지 말자

다 내려놔야 한다는 취지의 제 얘기에 무소유를 실천해야겠다고 생각한 분, 혹시 계신가요? 그런데 어느 날 갑자기 내가 가진 것을 모두 버리고 무소유의 삶을 산다는 것이 가능한 일일까요? 아마 정말 무소유를 실행에 옮긴다면, 물질적 불편함은 둘째 치고라도 심리적 공허함 역시 상당하지 않을까 싶습니다.

위험에 맞서는 대신 달아나는 것은
절대 비겁한 행동이 아닙니다.
오히려 현명한 행동입니다.
운명의 결에 맞춰 열심히 살아가면
그뿐입니다.

결국 우리에게 가능한 것은 앞으로 사는 동안 필요 이상 소유하지 않기 위해 노력하는 것입니다. 여기에 꼭 필요한 것들만 빼고 조금씩 버려가며 산다면, 더 바람직하겠죠. 이를 실천하기 위해 무언가 하나를 살 때마다 갖고 있던 하나를 버리는 습관이 유용할 수 있습니다. 이것이 힘들다면, 무언가가 고장이 날 때까지는 아무리 신상품이 눈앞에 아른거려도 새로 사지 않아야 합니다.

사람들이 집을 넓히는 이유 중 하나는 짐이 계속 늘어나기 때문입니다. 살다 보면 식구 수가 늘어나는 만큼 짐도 늘어납니다. 그런데 재미난 것은 식구 수가 그대로 유지돼도 짐은 계속 늘어난다는 것입니다. 이것에 스트레스를 받다가 어쩔 수 없이 큰집으로 이사를 해도 잠시뿐입니다. 또다시 늘어난 짐이 집을 가득 메웁니다. 많이 갖는 것이 결코 행복감이나 충만감을 선사하지는 않는다는 것을 이것만 봐도 알 수 있습니다.

물질뿐만이 아닙니다. 이 원리는 사람에게도 적용됩니다. 앞서 등장한 에피소드에서 '나'는 많은 모임에 나가고 많은 사람을 만나는 인물입니다. 사람을 좋아해서 그러는 것일 수도 있고, 인맥을 쌓기 위해 그러는 것일 수도 있겠죠. 문제는 사람을 많이 만나다 보면, 언젠가 내게 상처를 주는 사람과도 관계가 생기게 마련이라는 것입니다. 슬프게도, 우리 인간은 좋은 사람 백 명을 만나 얻는 기쁨보다 나쁜 사람 한 명을 만나 얻는 괴로움을 더욱 크게 느낍니다. 작은 상처 하나가 큰 기쁨 백 가지를 무용하게 만들 수도 있는 것입니다.

게다가 사람들과의 만남으로 인해 빼앗기는 시간과 에너지 역시 만만치 않은 법입니다. 내가 좋아하는 사람, 내게 기쁨을 주는 사람, 내게 꼭 필요한 사람만 만나기에도 모자란 시간입니다. 만났을 때 특별히 재미도 없고, 딱히 좋아하지도 않는 사람을 만나 시간을 낭비할 필요가 있을까요? 절대 만나고 싶지 않은 상대가 끼어 있는 모임 역시 굳이 나갈 필요가 있을까요? 그 모임에 나오는 사람들 가운데 내가 꼭 만나고 싶었던 사람만 따로 연락해 만나면 안 되는 걸까요?

사람에게 많은 상처를 받는 분들에게는 인간관계 다이어트가 필요합니다. 인맥으로 얻는 이익보다 사람에게 받는 스트레스가 더 무서운 법이니까요.

안 되는 걸 억지로 하지 말자

죽어라고 공부한다고 해서 누구나 1등을 하고, 누구나 A학점을 받을 수 있는 것은 아닙니다. 하지만 공부 안 하고 논다고 해서 꼭 꼴찌를 하거나 F학점을 받으란 법도 없습니다. 그러고 보면 노력만 하면 안 될 일이 없다는 말은 아무리 생각해도 거짓말이 아닐까 싶기도 합니다. 노력에 관계없이 될 일은 되고, 안 될 일은 안 되는 게 세상살이입니다.

안 되는 일을 되게 하려고 안간힘을 쓰기보다는 하는 데까지 해보다 안 되면 포기하고, 그 노력과 시간을 되는 일에 쏟아붓는 게 훨씬 현명합니다. 때로는 그 시간을 아무것도 하지 않은 채 온전히 즐기는

데만 쓰는 것도 나쁘지 않습니다.

자신을 바꾸고자 스스로를 몰아세우고 학대하기보다 지금의 나를 받아들이되, 나쁜 점은 줄여가고 좋은 점은 늘려가기 위해 노력해야 합니다. 타인을 대할 때도 마찬가지입니다. 말 통하지 않는 부모님을 바꾸려고 설득을 멈추지 않는 것만큼 무의미한 일이 없습니다. 그분들에게 바뀌라고 하는 건, 그분들 스스로 당신이 살아온 세월을 온통 부정하라는 말과 다름없는 것입니다. 아무리 답답해도 포기할 건 포기해야 합니다. 그분들을 설득하는 데 썼던 시간과 에너지를 나를 위해 사용하는 것이 백 배 나은 전략입니다.

제가 말하는 포기가 '될 대로 되라'는 식의 앞뒤 없는 포기를 의미하는 것은 아닙니다. 무거운 결단을 내려야 하는 순간에, 무책임하게 포기하고 달아나라는 이야기도 아닙니다. 다만 좀 더 영리하게 '나를 위해 살아가자'는 이야기입니다. 내 의지와 무관하게 이루어지는 일을 될 때까지 해보겠다며 끝까지 붙잡고 놓지 못하는 것은 오히려 집착에 가깝습니다. 안 되는 일을 안 되는 일이라고 인정하고 쿨하게 놓아버리는 것도, 무언가를 끝까지 제대로 해내는 모습 이상으로 멋있다는 것, 잊지 마시기 바랍니다.

**"어떻게 하면 저 사람을
요리할 수 있을까요"**

상황에 맞춰 상대에게 대처하기

앞서 우리는 내게 상처를 주는 다양한 성격의 사람들에 관해 살펴 봤습니다. 이야기를 읽을 때마다 내가 당했던 일들이 떠오르며, 속상 하기도 하고 화도 나셨을 겁니다. 그런데 내게 상처 주는 그 사람에게 당장 감정을 드러낼 수 있는 분은 몇이나 될까요? 맞서 싸우는 것이 가능할까요? 직장상사에게, 시부모님께 불편한 감정을 전부 다 드러 내는 것이 가능한 일일까요? 설혹 맞서 싸운다고 해서 꼭 원하는 결 과가 나올까요?

우리는 현실적으로 이런 문제들을 고민할 수밖에 없습니다. 대부분 의 경우, 나에게 상처 주는 대상은 내가 불편한 기색을 드러내기 어려 워하는 존재들이기 때문입니다. 그렇다고 무력감에 빠져 좌절할 필요 는 없습니다. 조금씩 상황을 바꿔나갈 수는 있으니까요. 그 점을 보여 드리기 위해 지금까지 제가 계속해서 많은 처방전을 말씀드렸던 것이 고요.

이번에는 상대를 제대로 공략해나가기 위한 구체적인 실천 지침을 몇 가지 단계별로 소개해드릴까 합니다. 같은 상대라도 한 가지 방법으로만 요리하기 어려울 수 있습니다. 혹은 이 사람에겐 이 방법이 먹히는데, 저 사람에겐 저 방법이 먹힐 때도 있죠. 한 가지 전략으로만 상황을 타개해나가기에 인간은 너무나 복잡한 존재입니다. 때문에 제가 말씀드리는 전략 역시 여러분의 상황과 상대에 맞춰 적절히 변형해 활용하시길 당부합니다. 지금부터 알려드리는 단계별 전략을 유용하게 사용하셔서 내게 상처 주는 그 사람과의 관계를 조금씩 바꿔나가시기 바랍니다.

1단계: 모르는 척하기

남을 통해 나에 대한 안 좋은 소문을 듣게 될 때가 있습니다. 이런 소문은 꼭 "혹시 네가 기분 나빠할지도 모르지만" "너라서 해주는 얘기인데" "너는 알고 있어야 할 것 같아서"라는 말과 함께 전해집니다. 한껏 생색을 내며 이런 이야기를 전해주는 이들은 "나는 그렇게 생각하지 않는데, 누가 너 건방지다고 하더라" "나는 아닌 것 같은데, 너에 대해 앞에서 하는 말 다르고 뒤에서 하는 말 다르다고 떠들고 다니는 사람이 있더라고"라는 말을 천연덕스럽게 합니다.

이런 이야기를 들으면, 화가 나는 것이 당연지사입니다. 그래서 보통은 나를 비난했다고 거론된 이에게 찾아가 "나에 대해 이렇게 말하고 다닌다며?"라고 따지거나 혹은 그 이야기를 꺼낸 사람에게 "넌 왜 좋지도 않은 이야기를 전하는 거야"라며 화를 내곤 합니다. 그런데 대체로 이 둘 중에서 어느 쪽도 바람직하진 않습니다. 가장 좋은 반응은 아무 일도 아닌 것처럼 넘기는 것입니다.

나를 비난했다고 거론된 상대에게 찾아가 앞뒤 상황을 따져 묻는데 그가 "나는 그런 말을 하고 다닌 적 없어"라고 잡아떼면, 내가 직접 들은 이야기가 아니므로 할 말이 없어집니다. 여기에 "내가 너 욕한다는 얘기를 누가 하고 다녀?"라면서 오히려 상대방이 역공을 펼칠 수도 있습니다. 그렇게 '말을 누가 했네' '누가 전했네'를 따지다 보면, 결국엔 진흙탕 싸움이 되어 더 큰 상처를 입은 채 서로 관계만 틀어지고 끝납니다.

이야기를 전달한 이에게 그러지 말라고 불편한 심경을 드러내는 것 역시 나쁜 결과를 초래하긴 마찬가지입니다. 상대의 무의식 속에는 나를 골탕먹이려는 의도가 있을 수 있지만, 어쨌든 상대는 나를 위해 그런 말을 전해준 것이라고 스스로 합리화를 했을 것입니다. 그런 상대에게 듣기 안 좋은 이야기를 한다면, 그는 아마도 나를 진짜 걱정해서 한 이야기인데 좋은 소리 못 들었다면서 나에 대한 앙심을 품게 될지도 모릅니다.

따라서 이런 경우에는 그냥 무시하는 것이 가장 바람직합니다. 속은 부글부글 끓더라도 화를 내는 대신 "네가 내 생각해서 얘기해준 건 정말 고마워. 그런데 걔가 그런 말을 했다면, 내가 뭔가 걔한테 서운하게 한 게 있어서 그랬을 거야"라고 양쪽 모두에게 신뢰의 신호를 살

짝 보내는 게 좋습니다. 이런 말을 들은 상대는 더 이상 아무 말도 할 수 없을 겁니다. 기분도 상하지 않을 거고요.

나에게 상처 주는 행동에 처음부터 심하게 대항하면, 상대는 더욱 나를 자극할 것입니다. 일종의 '강화'가 되는 것인데요. 아이들이 나쁜 짓을 할 때 야단을 치면, 그것을 일종의 관심으로 여기고 더 심하게 구는 것도 이런 이유에서입니다.

물론 누군가가 확연히 눈에 띄는 말이나 행동으로 나를 힘들게 하는 경우에는 절대 좌시해선 안 됩니다. 이럴 때는 적극적으로 대처해야 합니다. 그러나 이렇게 교묘한 방식으로 아닌 척 상처 주는 사람에게는 무시가 최선입니다.

사실 대놓고 상처 주는 사람들보다는 이렇게 은근히 상처 주거나 혹은 본의 아니게 상처 주는 사람들이 세상에는 훨씬 더 많습니다. 그리고 이런 이들에게 받은 작은 상처들이 때로는 더 아픕니다. 회사 사람들이 나를 특별히 따돌리는 건 아닌데, 아무도 나를 신경 써주지 않아 점심시간에 혼자 남게 되었다든지, 잠깐 내가 화장실에 다녀오니 친구들이 자기들끼리 막 웃고 있다가 갑자기 조용해진다든지, 문자메시지를 보냈는데 상대에게 한 시간 이상 답장이 없다든지…. 이럴 때 우리는 소외감과 함께 작은 상처를 받습니다.

그렇다고 이 상황에 대해 상대에게 따지는 게 최선일까요? 절대 아닙니다. 역시 무시가 최선입니다. 상대는 전혀 의도치 않았는데 내가 오해한 거라면, 특히나 나만 이상한 사람이 되기 십상입니다. 상대가 나를 일부러 긁어주려고 한 짓이라 해도, 이에 대해 발끈하면 상대는 재미있어하며 나에게 더 심한 장난을 치려고 할 겁니다.

이런 일이 너무 반복되어 도저히 참을 수 없다 싶은 분들은 불같이 화를 내도 됩니다. 이때 포인트는 '불같이'라는 점을 잊지 마세요. 기왕 화를 낼 거면 제대로 내라는 이야기입니다. 그간 나의 쌓이고 쌓인 분노가 상상을 초월한다는 걸 느낄 때, 상대는 두려움 때문에 다시는 나를 건드리지 못할 겁니다. 단, 이 방법은 집단을 대할 때는 별로 유용하지 않습니다. 집단을 상대로 크게 분노를 터뜨리고 나면 사람들이 나에 대해 뒤에서 수군거리며, 내게 호감을 갖고 있던 이들조차 그때부터 나를 피하려고 할 가능성이 크기 때문입니다.

또 하나, 엄청나게 화를 낸다는 게 사실 아무나 할 수 있는 일은 아닙니다. 수시로 작은 상처를 잘 받는 분들은 대개 소심합니다. 착해요. 분노를 폭발시키는 데 그다지 익숙하지 않죠. 그래서 어쩌다 한번 분노를 폭발시키고 나서도 오히려 마음이 편치 않아 자기가 먼저 상대를 찾아가 사과를 하기도 합니다.

그런데 이런 패턴은 상대와 나의 상처 주고, 상처받는 관계를 더욱 강화할 뿐입니다. 상대는 그간 찍 소리 한마디 못 하던 내가 화를 낸 것에 움찔했다가도, 곧 내가 먼저 약하게 나오는 모습을 보고는 '그러면 그렇지, 너 같은 애가 화는 무슨'이라고 피식 코웃음을 칠 것입니다. 그러고는 이전보다 더 편하게 나를 놀려먹을 궁리를 하게 되겠죠. 따라서 상대와의 관계를 아예 끝장내도 괜찮다 정도의 다짐을 한 분이 아니라면, 일단은 상대의 도발을 무시하는 쪽이 현명하다고 볼 수 있습니다.

2단계: 끝까지 거절하기

아이들이 가장 먼저 배우는 말은 대개 "엄마"입니다. 그다음으로 하는 말은 "싫어"입니다. 아무리 내가 좋아하고 의존하는 엄마라도 원치 않는 것을 시킬 때는 "싫어"라고 말하는 것입니다. 그런데 타고난 성향상 싫다는 의사를 분명히 밝히는 아이도 있고, 그렇지 못한 아이도 있습니다. 이 가운데 그렇지 못한 아이가 강한 성격의 부모를 만났을 경우, 겁이 많고 주눅이 잘 드는 사람으로 커나가게 됩니다. 성인이 되어서도 잘 거절하지 못하는 사람이 되죠.

형제들 중에도 허구한 날 심부름을 하는 아이는 꼭 정해져 있습니다. 이렇게 어려서 심부름 잘하던 아이는 나중에 커서 결혼을 하고 난 다음에도 부모의 부탁을 거절하지 못합니다. 반면 어려서부터 싫다는 말을 잘하고 심부름도 안 하던 아이는 커서 결혼을 하고 난 다음에도 자기 좋을 대로만 살아갑니다. 명절 때마다 부모님께 용돈을 조금 드리는 대신 외국으로 여행을 떠나고, 다른 착한 형제에게 명절 준비를 모두 넘겨버립니다.

부모는 공평해야 하지만 부모 역시 사람인지라, 말 잘 듣는 아이에게 더 많은 부탁을 하게 됩니다. 그렇다면 말 잘 듣고 자기 뒤를 계속해서 돌봐준 이 자녀에게 유산도 가장 많이 남기는 게 인지상정인데, 결국 나중에 보면 자신을 들들 볶는 드센 자식에게 돈도 주고 땅도 주고 집도 줍니다. 착한 자식은 평생 착취만 당할 뿐 얻는 것이 전혀 없습니다.

어디서 많이 들었던 이야기라는 생각 안 드시나요? 실제로 이런 일 때문에 상처를 받고 괴로워하는 분들이 상당히 많습니다. 이분들이 가장 먼저 버려야 할 착각은 '부모님이 나를 사랑해서 찾는 것'이라는 생각입니다. 부모는 그저 내 부탁을 거절하지 못하는 자식에게 부탁을 할 뿐입니다. 입장을 바꿔서 생각해보세요. 부모 입장에서는 부탁만 하면 들어주는 자판기 같은 자식이 옆에 있으니 얼마나 편하겠습니까?

이렇게 계속해서 뒤치다꺼리를 해드리다 어느 순간 처음으로 "못 하겠어요"라는 말을 뱉게 되면, 나는 그날로 천하의 불효막심한 자식으로 전락합니다. 백 번 효도했던 건 전부 다 잊어버리고 오로지 한 번의 거절만 기억하는 거죠. 이런 억울한 일을 가슴속에 담아두고 살다 보면, 상처를 넘어 화병이 날지도 모릅니다. 이제부터라도 하나하나 거절하는 연습을 해야 합니다. 마음을 독하게 먹어야 합니다.

그렇다고 생전 안 해봤던 일, 즉 거절을 하는 게 쉬운 일은 아닐 겁니다. 그래서 제일 처음에 해야 할 일은 피하는 것입니다. 상대의 옆에 있을수록 그가 내게 무언가를 부탁할 확률은 올라가게 마련입니다. 그의 하소연을 들을수록 넘어갈 확률 또한 높아집니다. 내게 자주 부탁을 해오는 사람의 전화나 문자메시지는 가능하면 피하고, 연락을 끊어버리세요. 상대와 내가 함께 속한 모임에도 당분간 나가지 마세요. 회사에서 어쩔 수 없이 매일 보는 관계라면, 반드시 접촉해야 할 때만 접촉하시고 말도 많이 섞지 마세요. 가족인데, 친구인데, 동료인데 어떻게 그럴 수 있느냐고 하실지 모릅니다. 하지만 상대가 그간 해온 일을 떠올려보세요. 다시 한 번 말씀드리지만, 마음을 독하게 먹어야 합니다.

그다음 할 일은 침묵을 연습하는 것입니다. 이것은 막상 마음을 먹는다고 해서 되는 일이 아닙니다. 실습이 필요합니다. 가장 가깝고 믿을 만한 사람에게 부탁해, 내게 "이것 좀 갖다 줘"라고 말해보라고 하세요. 그러고 나서 적어도 일 분 이상 아무런 말도, 아무런 행동도 하지 않는 겁니다. 쉬워 보이죠? 하지만 막상 해보면, 그 어색한 침묵을 견디기가 무척 어렵습니다. 의아해하는 상대의 얼굴을 살피면서 안절부절못하다 결국 "아, 그게 아니라…"라며 변명을 늘어놓게 되기 일쑤거든요. 하지만 계속해서 연습해 침묵이 아무렇지 않을 정도가 되어야 합니다.

침묵은 생각보다 굉장히 큰 힘이 있습니다. 일 분간의 침묵이야말로 상대와의 팽팽한 기 싸움에서 우위를 점하는 신의 한 수가 될 수 있습니다. 예전에는 상대가 무슨 부탁을 꺼내놓기만 하면 "알겠어"라고 했던 내가, 이번에는 대답 없이 일 분간 침묵을 지킨다고 상상해보세요. 상대는 상당히 긴장하게 될 겁니다. 그러다 "아, 이번엔 그냥 내가 알아서 할게"라고 할지도 모릅니다. 그게 아니라 하더라도 상대는 이제 나를 호락호락하게 보고 무엇이든 해달라고 하진 못할 겁니다.

그다음 단계는 상대를 지치게 하는 것입니다. 게으름도 어떤 점에서는 투쟁입니다. 당장 거절할 용기가 나지 않는다면, 일 분간의 침묵 후 "생각해볼게"라고 최대한 짧게 대답한 후 대화를 중단하세요. 결국 내가 그 부탁을 들어주게 된다 할지라도, 내가 부탁한 일을 빨리 해주면 해줄수록 상대는 나를 쉽게 여기고 계속해서 그다음 부탁을 해올 겁니다. 그러니 최대한 상황을 질질 끌어 상대가 지치도록 해야 합니다.

생각해보면 상대 역시 그간 내가 곤란해하는 기색을 비치든 말든, 나를 끝없이 채근해 질리도록 부탁을 해왔습니다. '만약 내가 이 부탁을 들어주지 않으면, 아마 나를 말려 죽일 수도 있겠다'는 생각이 들 만큼 나를 정신적으로 괴롭혀왔습니다. 그렇다면 이제 내가 반격할 차례입니다. 이때 필요한 것이 동문서답의 기술입니다.

상대가 말할 기회를 주지 마세요. 부탁을 꺼내려는 기색이 보이거든, 장황하게 다른 이야기를 펼쳐놓으세요. 전혀 주제와 상관없이 이 이야기를 했다가 저 이야기를 했다가 해도 괜찮습니다. 그렇게 끝도 없이 하고 싶은 말만 하다가 할 이야기가 떨어지면, 급한 일이 있다며 자리를 일어나세요. 이런 일이 두세 번만 반복돼도 상대는 나에 대해 혀를 내두르며, 다시는 나를 만나고 싶어 하지 않을 테니까요.

3단계:
사이
나빠지기

마음 약한 분들에게 가장 힘든 것 중 하나가 맞대응을 하는 것이죠. 하지만 작은 상처가 계속해서 쌓이게 되면, 어느 순간 정면 돌파를 선택해야 할 때가 찾아옵니다.

어떤 여자분이 제게 이런 상담을 하신 적이 있습니다. 이분은 평생에 딱 한 번, 일 년 동안 전 세계를 돌며 여행을 하기 위해 몇 년간 힘들게 돈을 모았다고 했습니다. 그런데 하루는 엄마가 부르더니 오빠가 결혼을 하는데 돈이 부족하니까 그 돈을 오빠에게 빌려주라고 하셨답니다. 오빠가 결혼하려는 여자에게 능력도 안 되면서 자기가 집을 마련해올 수 있다고 거짓말을 했던 겁니다. 엄마는 오빠가 앞으로 저만한 여자와는 결혼하기 힘들 거라면서, 오빠를 도와주라고 이분을 압박했습니다. 하지만 오빠는 무능력한 사람이라(하다못해 신용불량으로 은행 대출도 전혀 안 나오는 사람이었습니다) 과거에도 이분에게 돈을 빌려놓고 갚은 적이 없었습니다.

처음에는 이분이 그 돈을 빌려주기 싫다고 했답니다. 그랬더니 엄마는 "너는 어차피 그 돈으로 놀러 다닐 생각 아니었냐"면서 가족끼리 서로 챙기지 않으면 어떡하느냐고 했습니다. 이분은 엄마, 오빠와 관계가 나빠질까 두려운 나머지 돈을 빌려줘야겠다고 마음을 굳혔습니다. 그런데 밤새 생각해보니 그동안 엄마와 오빠는 늘 이런 식으로 내 인생에 태클을 걸어왔다는 걸 깨닫게 됐습니다. 그러자 도무지 갈피가 잡히지 않아 상담을 오게 됐다고 했습니다.

저는 이분께 절대 돈을 빌려주지 말라고 했습니다. 그러자 이분은 걱정스러운 눈으로 "그러면 엄마, 오빠랑 사이가 나빠질 거예요"라고 말했습니다. 저는 다음과 같이 말했습니다.

"사이가 나빠지기 위해 맞대응을 하시라는 거예요."

아마 이분이 맞대응을 해 그들과 사이가 멀어지지 않는 한, 엄마와 오빠는 계속해서 이분의 삶에 크고 작은 태클을 걸어올 것입니다. 이분은 가족끼리 그러면 안 되는 것 아니냐고 반문했습니다. 저는 가족이라면 엄마와 오빠도 당신에게 이렇게 해선 안 되는 것이라고 말해주었습니다.

항상 남에게 당하면서 사는 사람들이 있습니다. 내가 원해서 양보하는 것이면, 그래도 덜 억울합니다. 하지만 이분들은 자기가 원해서 그러는 것이 아닙니다. 당하고 나면 늘 속이 쓰리고, 바보 같은 자신이 싫어집니다. 그러다 보니 나는 바보가 아니라고 이런저런 합리화를 하게 됩니다. 똥이 무서워서 피하는 게 아니라 더러워서 피하는 거라고 변명도 해봅니다. 아니면 내 인생을 방해하는 이들이 내게 저지른 일보다도 그들이 내게 잘해줬을 때를 애써 떠올립니다. 나중에 내가 힘들 때, 그들도 내게 힘이 되어줄 거라고 혼자 가당치도 않은 주문을 걸면서요.

하지만 자신도 압니다. 그들이 나에게 상처 주었을 때 내가 가만히 있었던 이유는, 사실 그들에게 미움받을까 봐 겁이 나서라는 사실을요. 하지만 미움받기를 두려워하는 한 그들에게서 벗어날 수 없습니다. 한 발 더 나아가 나도 그들을 미워해야 합니다. 맞대응하면 그들이 뒤에서 나를 험담할까 봐 두렵습니다. 하지만 험담 들을 것을 두려워하는 한 그들에게서 벗어날 수 없습니다. 한 발 더 나아가 나도 그들에 대해 험담할 수 있어야 합니다.

그들과 사이가 나빠져서 다시는 보는 일이 없어야 비로소 나는 자유로워지는 것입니다. 한번 싸우기로 마음먹었다면, 가능한 한 크게 싸우세요. 더 크게 싸우는 만큼 그들로부터 더 많이 멀어질 수 있고, 그만큼 내가 상처받을 확률 역시 줄어들 것입니다.

4단계:
작전상
후퇴하기

남을 교묘하게 괴롭히며 이용해 먹는 이들은 워낙 싸움에 익숙합니다. 그렇기 때문에 상대를 심하게 괴롭히다가도 그가 나자빠질 것 같으면 곧 멈추죠. 그렇게 강약을 잘 조절하는데요. 당하고만 살던 분들은 싸움에 영 익숙하질 않습니다.

매일 자신을 놀려먹던 직장 동료에게 용기를 내어 그러지 말라고 했습니다. 그 말을 들은 순간에는 그 동료가 안 그러겠다고 했지만, 시간이 지나면 또다시 놀림을 시작합니다. 나는 말해봤자 소용없다는 생각에 그만 포기해버립니다. 하지만, 단 한 번 이야기하는 것으로 상대가 변화할 것이라고 기대하는 것은 순진한 생각입니다. 그가 멈출 때까지 계속 자신의 의사를 밝혀야죠. 그는 매일 나를 조롱하며 힘들게 했습니다. 그런 행동을 멈추려면, 적어도 그가 내게 상처 준 만큼 혹은 그 이상의 지속적 대응이 필요한 법입니다.

그런데 또 하나 문제가 있습니다. 바로 상처받기만 했던 이들은 한 번 발동이 걸리면 앞만 보고 가는 경향이 있다는 것입니다. 그간 당하기만 하며 살다가 제 얘기를 듣고 맞대응을 시작한 분들 가운데 종종 엄청나게 흥분하는 분들이 계십니다. 자기감정을 주체하지 못하고 폭주하는 거죠. 그렇게 요령 없이 무조건 밀고 나가기만 합니다. 사정 모르는 사람이 옆에서 보면, 이상해 보일 수도 있어요.

어떤 경우에는 상대를 너무 자극할 수도 있습니다. 그러나 상대가 내 직장상사이거나 나와 이해관계로 얽혀 있는 사람일 경우에는, 지속적으로 자극을 하다 보면 내가 불이익을 볼 수도 있어 신중해야 합니다. 친정과 시댁을 비교하며 스트레스를 주는 시어머니에게 맞대응하는 것은 옳은 행동이지만, 그 행동이 남편을 자극해서 남편이 내게 나쁜 감정을 가지도록 만들면 안 되는 것입니다. 시어머니는 싫어도 남편과는 계속 살고 싶다면, 이혼으로 이어지지 않도록 강약 조절을 잘해야 합니다.

나에게 상처 주는 대상이 계속 바뀔 경우에도 마찬가지입니다. 스트레스 정도를 측정하는 검사 중 '빗속의 사람 검사'라는 것이 있습니다. 우선 비 맞는 사람을 한 명 그려봅니다. 우산을 쓰고 비를 피해도 되고, 우비를 입고 비를 피해도 되고, 그냥 비를 맞아도 상관없습니다. 이때 우산을 쓰거나 우비를 그리는 것이 가장 보편적인 반응이죠.

내 마음속에 최소한의
예비 에너지를 남겨놔야 합니다.
그러기 위해서는 멈출 때
멈추고 쉬어야 합니다.
재충전을 충분히 하고 나서
상처 주는 이들에게 또다시 맞대응을
시작해도 늦지 않습니다.

이런 분들은 나름대로 스트레스를 잘 방어하고 있는 분들입니다. 어떤 분은 건물을 그린 다음, 그 안에서 비 피하는 모습을 그립니다. 지나치게 방어적인 분들입니다. 어떤 분은 그냥 속수무책으로 비 맞는 사람을 그립니다. 누군가가 내게 상처를 줘도 피하지 않는 분들입니다. '언젠가는 그만두겠지' '어디에 가도 똑같을 거야'라고 생각하면서, 스스로를 고통 앞에 방치하는 것이죠. 작은 일에도 상처받는 분들은 보통 이렇게 학습된 절망 상태인 경우가 많습니다.

그런데 인간에게는 원래 상태로 돌아가고자 하는 본능이 있습니다. 처음 이사를 하고 나면, 위치를 머릿속에 잘 그려보며 힘들게 새 집에 찾아가야 합니다. 그러다 나중에는 눈 감고도 집에 찾아갑니다. 그만큼 학습이 무섭습니다. 절망 역시 마찬가지입니다.

한번 학습된 절망에 빠졌던 경험이 있는 분들은 일이 자꾸 뜻대로 풀리지 않으면, 지쳐 나가떨어지며 또다시 절망에 빠지기 쉽습니다. 나에게 상처 주는 이에게 대응하는 데는 엄청난 에너지가 필요합니다. 특히 그동안 상처받고도 대응하지 못했던, 줄곧 학습된 절망 상태에 빠져 있던 분들은 있는 힘, 없는 힘을 모두 끌어와 대응을 했을 것입니다. 그러다 완전히 번아웃burn-out이 되면, 또다시 끝없는 무력감에 빠지죠.

내 마음속에 최소한의 예비 에너지를 남겨놔야 합니다. 영원히 안 보고 살아도 되는 사이라면 한번 크게 맞대응해서 사이가 확 틀어지면 그만이지만, 그런 사이가 아니라면 지속적으로 맞대응하면서 쉴 때 쉬어줘야 합니다. 쉬다가 대들다가, 쉬다가 대들다가를 반복해야 하죠. 잊지 마세요. 질겨야 이깁니다.

　나를 항상 힘들게 하는 선배가 있었습니다. 그동안 몇 달을 계속 그 선배에게 맞대응했습니다. 그런데 오늘은 진짜로 기운이 나질 않아요. 그를 피하고 싶습니다. 그럴 때는 엘리베이터 대신 계단을 오르내리는 불편을 택하더라도 그와 마주치지 않기 위해 온갖 애를 다 써야 합니다. 이렇게 지쳐 있는 날 그와 마주치면, 문제가 해결되기는커녕 더 큰 타격을 입을 테니까요.

　개들은 싸우다 달아날 때 그냥 달아나지 않습니다. 짖고 으르렁대며 상대를 위협하면서 달아납니다. 마찬가지로 후퇴를 하면서도 얼마든지 공격할 수 있습니다. 흔히 "기왕 해줄 거, 왜 투덜대면서 해? 쿨하게 해주지"라고 말하는 사람들이 있습니다. 하지만 내가 투덜대지 않으면, 상대는 내가 그 일을 하고 싶어 하지 않는다는 걸 알 길이 없습니다. 나를 더 만만하게 여기겠죠. 그러니 지금 내가 힘들어서 혹은 어쩔 수 없이 상대의 부탁을 들어주더라도, 내가 지금 얼마나 힘든지는 꼭 표현해야 합니다.

　한편 공격하면서도 얼마든지 후퇴할 수 있습니다. 게릴라전이라는 말 많이 들어보셨죠? 바로 그런 경우인데요. 정면에서 싸울 만한 에너지가 없다 싶을 때는, 이 게릴라전이 매우 유용합니다. 내게 상처 주는 상대 앞에서 그가 기분 나빠할 만한 이야기를 마구 하세요. 상대의 코가 좀 납작하다면, 소개팅에서 만난 사람이 납작코라 재수가 없었다느니 그 자리에서 찼다느니 하는 이야기를 눈치 없는 사람처럼 해보는 겁니다. 그러다 상대의 표정이 일그러지면, "아, 미안. 몰랐네" 하고 능청스레 넘어가세요. 상대는 기분이 나쁜 것도 나쁜 것이지만, 내가 어떤 사람인지 혼란스러워할 것입니다. 그리고 앞으로 나를 어떻게 대해야 좋을지 감을 잡지 못하고, 그냥 자연스럽게 멀어질 가능성이 큽니다.

no.6 "아무리 그래도
위로가 필요해요"

나를 보호하는 몇 가지 응급 처방들

힘든 시기를 넘기기 위해서는 누군가의 위로가 간절히 필요합니다. 그런데 그럴 때 있지 않으세요? 누군가의 위로가 필요해 친구를 만났는데, 친구가 나보다 더 힘든 상황이라 주저리주저리 자기 얘기만 쏟아놓을 때 말입니다. 이럴 때는 내 있는 기운, 없는 기운을 모두 끌어모아 친구를 위로해주고는 집에 돌아와 쓰러지고 맙니다. 그러면서 이런 생각을 하죠. '다 소용없구나. 나를 위로해줄 사람은 오직 나밖에 없어.'

어떤 상황이나 사람이 나에게 상처를 줄 때, 내 마음을 다스리는 것만으로는 근본적인 변화를 이끌어낼 수 없다는 점을 여러 번 강조했습니다. 그래서 나 자신이 용기를 내어 당당하게 목소리를 내야 하고, 정신적인 성장을 이뤄야 한다고도 말했습니다. 하지만 때로는 무너진 무릎을 일으킬 정도의 작은 위로가 필요할 수 있습니다. 무슨 짓을 해서든 고통을 마쳐시킬 필요가 있을 때, 바로 그 순간에 유용하게 활용할 수 있는 응급 처방들을 몇 가지 소개하려고 합니다.

나보다 불행한 사람 찾아보기

남의 불행에서 행복을 찾는다는 것은 상당히 비열한 일로 느껴집니다. 하지만 내 주변에 나보다 불행한 사람이 있으면, 괜히 안심하게 되는 것이 사람 심리입니다. 말씀드렸다시피 이건 응급 처방이잖아요. 비열하지만, 한두 번은 괜찮습니다. 오로지 나 자신만 생각하세요.

그렇다고 나보다 훨씬 불행해 보이는 사람을 주변에서 찾으려고 하지 마세요. 그들을 만나 이야기를 들어주다 보면, 에너지가 다 달아나는 느낌이 드니까요. 차라리 인터넷 기사나 신문 사회면에서 그날의 가장 불행한 사람이 누구인지 찾아보는 게 현명합니다. 보통 그렇게 기사화되는 사람들은 짊어진 불행의 크기가 상상을 초월하게 마련입니다. 그들의 이야기를 읽다 보면, 동정심이 일면서 내 아픈 감정이 상대적으로 무척 하잘것없이 보입니다. 그러면서 '이런 일들도 생기는데, 나에게 벌어진 일은 별것 아니구나'라는 생각이 듭니다.

퇴행이 나를 자유롭게 하리라

정말 힘든 순간이 찾아오면, 뭐라도 해야 합니다. 이때 필요한 것이 유치한 짓입니다. 뭐든 괜찮습니다. 밤거리를 걸으며 고래고래 큰 소리로 노래를 부르든, 화장도 지우지 않은 상태로 소파에 앉아 단 과자를 잔뜩 먹든, 친구들과 코가 삐뚤어지게 술을 마시고 마음껏 주사를 부리든, 다 상관없습니다. 어린 시절에나 했을 법한 유치한 장난, 그러니까 공중전화에서 아무 번호로나 전화를 걸어 낯모르는 사람에게 말을 걸어본다거나 친구와 누가 더 엽기적인 표정으로 셀카를 찍나 내기를 한다거나 해도 좋습니다.

이런 자기 자신이 너무 유치한 것 같아 싫어지면 어떡하느냐고 물으실 수도 있는데요. 의외로 이렇게 자기를 내려놓는 데서 말할 수 없는 해방감과 카타르시스를 느낀다는 분들이 많았습니다. 그리고 간과하고 계신 사실이 하나 있습니다. 성숙한 인간은 점잖아야 하는 장소에서 점잖게 행동하고, 망가져야 하는 장소에서 망가질 줄 아는 법입니다. 그러니, 전혀 부끄러워하실 필요 없습니다. 안심하시고, 힘들 때는 마음껏 망가져보세요.

상상으로라도 원수를 괴롭혀라

저희 심리센터의 놀이치료실에는 고무로 된 펀칭백이 있습니다. 어린아이와 어른 모두 화가 나서 온 이들은 이 펀칭백을 꼭 한 번씩 두들기고 갑니다. 심지어 이것을 발로 마구 차는 분들도 있습니다. 최근에는 구하기 어려워 준비를 못 하고 있긴 한데, 격파용 송판을 부수는 것도 큰 치료 효과가 있습니다.

그렇습니다. 가슴이 답답하고 꽉 막혀 있는 것처럼 느껴질 때는 내게 그런 스트레스와 상처를 준 대상을 떠올리며 그를 상상으로나마 괴롭히는 게 꽤 도움이 됩니다. 쓸모없는 무언가를 집어던지거나 부수거나 찢어도 좋고요. 상대의 얼굴을 이상하게 그려놓고 그것을 다트판으로 쓰거나 바늘로 찌르거나 해도 됩니다. 어떤 방식을 쓰든 조금은 마음이 후련해질 것입니다.

착한 사람은 착하게 풀어도 좋다

누군가에 대한 미움과 원망이 커지다 보면, 그 이후 자연히 따라오는 게 '자괴감'입니다. 그런 나쁜 상대에게 제대로 대들지도 못하고 당하기만 하는 자신이, 너무 약하고 아무 짝에도 쓸모없는 인간처럼 여겨지기 때문이죠. 이럴 때는 미봉책으로라도 자존감을 빨리 끌어올려야 합니다. 그렇지 않으면 더 주눅이 들어, 나쁜 상대의 먹잇감으로 전락하기 십상이니까요.

우리가 자존감을 순식간에 끌어올리는 데 가장 좋은 방법은 내가 쓸모 있다는 느낌을 받는 것입니다. 남을 위해 선행을 베풀어보세요. 제일 쉬운 것이 길거리에서 구걸하는 사람에게 돈을 내미는 일일 겁니다. 그게 아니라 해도 내가 좋아하는 사람에게 줄 작은 선물을 장만해 건네준다거나, 늘 적적해하시는 할머니, 할아버지 댁을 무작정 찾아간다거나, 아예 주말에 시간을 내어 봉사 여행을 떠나는 것도 방법입니다. 우리는 누군가에게 따뜻한 말 한마디를 들으면 그것이 큰 위로가 된다고 생각하지만, 사실 내가 남을 위해 무언가를 하는 것 역시도 그에 못지않은 큰 위로가 될 수 있습니다.

그에게 거짓말을 해봐

사기꾼 중에 신분 사기만 반복적으로 치는 사람들은 스스로를 다른 신분으로 위장할 때 남들이 자신을 우러러봐 주는 것에서 기쁨을 찾는다고 합니다. 이런 사기꾼만큼은 아니지만, 우리도 남에게 해를 끼치지 않는 작은 거짓말로 기분을 끌어올릴 수는 있습니다.

불행한 기분에 휩싸였을 때 주변 사람들에게 일부러 좋은 일이 있는 척해보세요. 남편과 싸우고 상처받은 상태일 때, 친구들을 만나 "우리 그이가 어제 꽃을 사왔지 뭐야" "이번 결혼기념일에는 유럽으로 여행을 가자고 하는 거 있지?" 하면서 한껏 행복한 아내인 양 연기해보는 것입니다. 어느 순간 자기가 한 거짓말에 도취되어 감쪽같이 기분이 좋아지면서, 얼었던 마음까지 살살 풀리게 될 겁니다.

내 심장 소리를 들어본다

가요 대부분에는 드럼 소리가 들어갑니다. 드럼 소리는 우리를 흥분하게 만들죠. 예전부터 북 소리는 용기를 북돋고, 사람들에게 희망을 주어왔습니다. 그런데 드럼 소리가 그런 효과를 지니는 이유는 심장 박동을 연상시켜서 그렇다는 주장이 있습니다. 엄마 뱃속에 있을 때 들었던 엄마의 심장 박동 소리를 기억하고, 그것을 그리워하기 때문이라는 것입니다.

그래서일까요. 실제로 제게 상담을 하러 오는 분들 중에서는 청진기로 자신의 심장 소리를 들으니까 위로가 됐다는 분도 있었습니다. 아마 본인의 심장 소리를 들어본 경험이 있는 분은 많지 않으실 텐데요. 여러분도 힘들 때 청진기를 구해 한번 본인의 심장 소리를 들어보세요. 내가 살아 숨 쉬고 있다는 느낌과 함께 형용하기 힘든 편안함을 느끼실 수 있을 것입니다.

· 미국정신의학회 지음, 이근후 옮김, 《정신장애의 진단 및 통계 편람(DSM-IV)*Diagnostic and statistical manual of mental disorders*》 제4판, 하나의학사(1995).

· 제이 그린버그 외 지음, 이재훈 옮김, 《정신분석학적 대상관계 이론*Object relations in psychoanalytic theory*》, 한국심리치료연구소(1999).

· 스테판 밋첼 외 지음, 이재훈 외 옮김, 《프로이트 이후*Freud and beyond*》, 한국심리치료연구소(2002).

· 필리스 타이슨 외 지음, 박영숙 외 옮김, 《정신분석적 발달이론의 통합*Psychoanalytic theories of development*》, 산지니(2013).

· 피터 포나기 외 지음, 이효숙 옮김, 《정신분석의 이론들*Developmental science and psychoanalysis*》, NUN(2014).

· 글렌 O. 가바드 지음, 이정태 옮김, 《역동정신의학*Psychodynamic psychiatry*》 제4판, 하나의학사(2008).

· 콘라트 로렌츠 지음, 구연정 옮김, 《인간 개를 만나다*So Kam der Mensch auf den Hund*》, 사이언스북스(2006).

· 윌리엄 C. 크레인 지음, 서봉연 옮김, 《발달의 이론*Theories of development*》 16판, 중앙적성출판사(2007).

· 폴 에크먼 지음, 이민아 옮김, 《얼굴의 심리학*Emotions revealed*》, 바다출판사(2006).

· 애비너시 딕시트 외 지음, 이건식 옮김, 《전략의 탄생The art of strategy》, 쌤앤파커스 (2009).

· 피터 F. 드러커 지음, 이재규 옮김, 《프로페셔널의 조건The essential Drucker on individuals》 2판, 청림출판(2013).

· 선종욱 외 지음, 《직무스트레스 진단평가》, 이담북스(2010).

· 최영옥 외 지음, 《스포츠 행동의 심리학적 이해》, 대한미디어(2002).

· 이수정, 김혜진 지음, '사이코패스의 전두엽집행기능 및 정서인식력 손상기전', 〈한국 심리학회〉 23권 3호(2009).

· 홍강의, 정도언 지음, '사회재적응평가척도 제작', 〈신경정신의학〉 Vol.21No.1 pp.123-136(1982).

· Lundy Bancroft, *Why Does He Do That?*, Berkley(2003).

· Beverly Engel, *The Emotionally Abused Woman*, Faucett(1992).

· Patricia Evans, *The Verbally Abusive Relationship*, Adams Media(2010).

· Avenanti, A., Aglioti, S.M., The sensorimotor side of empathy. In: Mancia, M. (Ed.), Psychoanalysis and Neuroscience. Springer-Verlag Italia, Milan(2006), pp.235-256. Avenanti, A., Bueti, D., Galati, G., Aglioti, S.M.(2005).

· Lee, Miller & Moon, Exploring the forensic use of the emotional recognition test(ERT), *International Journal of Offender Therapy and Comparative Criminology*, 48(6), pp. 664-682(2004).

작은 상처가 더 아프다

ⓒ 최명기 2015

2015년 8월 14일 초판 1쇄 인쇄
2015년 10월 25일 초판 2쇄 발행

지은이 | 최명기
발행인 | 이원주
책임편집 | 김효선
책임마케팅 | 이재성

발행처 | (주)시공사
출판등록 | 1989년 5월 10일(제3-248호)
브랜드 | 알키

주소 | 서울시 서초구 사임당로 82(우편번호 137-879)
전화 | 편집(02)2046-2864 · 마케팅(02)2046-2877
팩스 | 편집(02)585-1755 · 마케팅(02)585-1755
홈페이지 | www.sigongsa.com

ISBN 978-89-527-7452-1 03180